Lenzen, Elbhafen

Inhaltsverzeichnis

Elberadweg Nord

Der landschaftlich überaus reizvolle Elberadweg verläuft im nördlichen Teil von Cuxhaven bis Magdeburg von der Nordseeküste über die ehemalige innerdeutsche Grenze und durch die weitgehend erhaltene Elbauenlandschaft.

Sicherlich gibt es für die Wahl der Fahrtrichtung unterschiedliche Aspekte. Ein Fluss lässt sich grundsätzlich von der Quelle bis zur Mündung oder umgekehrt befahren. Ausschlaggebend für die Beschreibung hier war die explizite Empfehlung der verantwortlichen Koordinierungsstellen für den Elberadweg, an der Küste zu starten. Ihr schlagendes Argument: Der Wind kommt vorwiegend aus Nordwest und er ist vor allem an der Küste besonders stark. Insofern setzt dieser Radreiseführer auf unterstützenden Rückenwind. Wer dennoch lieber flussabwärts radeln möchte, findet hier auch eine Beschreibung in Gegenrichtung.

Bei der Wahl, welches Ufer bevorzugt wird, haben vor allem die Sehenswürdigkeiten am Wegesrand den Ausschlag gegeben und so verläuft die Route mal links und mal rechts des Flusses. Beschrieben sind selbstverständlich auch die Sehenswürdigkeiten am jeweils anderen Ufer.

Beim Start in Cuxhaven beeindruckt die Nähe der Nordsee. Vom großen Fischereihafen mit seinen Fischrestaurants geht es vorbei an weidenden Schafen über die Deiche ostwärts. Vom Radweg aus scheinen die großen Containerschiffe fast zum Greifen nah.

Häuserzeile am Hafen von Glückstadt

Alte Hansestadt-Atmosphäre lässt sich vor allem am Alten Hafen in Stade genießen. Auf der weiteren Fahrt in Richtung Hamburg säumen die Obstbaumplantagen des Alten Landes und Jahrhunderte alte, stolze Fachwerkbauernhöfe den Weg. Mit der Fähre geht es über den breiten Fluss nach Blankenese. Radfreundlich flussnah und entlang wichtiger Sehenswürdigkeiten verläuft die Route durch die Metropole Hamburg.

Ab Geesthacht gibt es nur noch wenig Schiffsverkehr, hier geht es flott über die gut gepflegten Deichwege, von denen sich immer wieder gute Ausblicke auf den Fluss bieten.

Hinter Lauenburg geht es über die ehemalige innerdeutsche Grenze. Nur noch wenige Überreste sind von den früheren Wachttürmen und Sperranlagen vorhanden. Kleine Museen informieren über den Verlauf der Grenze, Zäune und Selbstschussanlagen. Ab und an, vor allem zwischen Dömitz und Lenzen, lassen schiefe Betonplatten aus DDR-Zeiten auf den Deichwegen noch ein wenig die Vergangenheit spüren, ansonsten wechseln sich neu asphaltierte Passagen mit Schotterstrecken ab. Oftmals gibt es zwei Möglichkeiten: den Schotterweg mit der besseren Aussicht auf der Deichkrone und den asphaltierten Weg zum schnellen Vorankommen unterhalb des Deiches. Angesichts der Schönheit der Elbauenlandschaft mit ihrer Vielzahl an anderen Wasservögeln fällt die Wahl nicht schwer.

In den historischen Dörfern ist oft noch Kopfsteinpflaster angesagt. Reiseradler versuchen da gern, am Straßenrand zu balancieren, aber nur selten sind diese unangenehmen Passagen länger als 100 bis 200 Meter.

Storchennestern begegnen die Radler fast überall zwischen den Außenbezirken von Hamburg und Magdeburg. Besonders konzentriert sind sie südlich von Wittenberge vom Storchendorf Rühstädt bis Havelberg zu finden.

Auf bedeutende historische Bauwerke stoßen die Radler zwischen Havelberg und Magdeburg. Bischofsdome wie in Magdeburg und Havelberg und Klöster wie in Jerichow sollten das den Slawen abgerungene Land markieren. Dass der kleine Ort Tangermünde um Haaresbreite mal Reichshauptstadt geworden wäre, glauben Besucher spätestens, wenn sie die prächtige Rathausfassade in norddeutscher Backsteingotik gesehen haben.

Auch historische Kanalbauten für die Binnenschifffahrt und Sperrwehre gegen Hochwassergefahren sind südlich der Havelmündung zu besichtigen, bevor das moderne Wasserstraßenkreuz nördlich von Magdeburg mit der Kanalbrücke des Mittellandkanals über die Elbe erreicht wird.

Magdeburg, die Landeshauptstadt von Sachsen-Anhalt, lädt mit ihrem Dom und ihren Museen zum Verweilen ein und macht zugleich Appetit auf die Entdeckung des so anderen südlichen Abschnittes des Elberadwegs in Richtung Dresden.

Ausschilderung und Wegebeschaffenheit

Der Radweg ist im Allgemeinen gut ausgeschildert, Probleme gibt es hin und wieder vor allem in den Städten. Auch die Wegbeschaffenheit ist im Allgemeinen gut. Asphaltierte Strecken wechseln sich immer wieder mit Schotterstrecken ab. Nur selten gibt es schlecht befahrbare Etappen. Darauf wird in der Tourenbeschreibung im Detail hingewiesen. In den Dörfern Brandenburgs und Sachsen-Anhalts gibt es sehr häufig noch kurze, unangenehme Kopfsteinpflaster-Passagen.

Bahnverbindungen

Bahnverbindungen gibt es entlang der Elbe von allen größeren Orten aus.

Weitere Auskünfte über Fahrpreise und Fahrpläne sowie Informationen über die Serviceleistungen der Deutschen Bahn finden Sie unter www.bahn.de oder bei der Servicenummer 01 80 / 5 99 66 33 (14 ct/Min. aus dem Festnetz, Tarif bei Mobilfunk max. 42 ct/Min.).

Ergänzendes Kartenmaterial:

- ADFC-Regionalkarte Cuxhaven/Bremerhaven, 1:75.000, ISBN 978-3-96990-085-7
- ADFC-Regionalkarte Hamburg und Umgebung, 1:75.000, ISBN 978-3-87073-968-3
- ADFC-Regionalkarte Elbe/Wendland, 1:75.000, ISBN 978-3-96990-098-7
- ADFC-Regionalkarte Elbe/Havel, 1:75.000, ISBN 978-3-87073-743-6
- ADFC-Radtourenkarte Zwischen Elbe und Weser, Blatt 6, 1:150.000, ISBN 978-3-96990-111-3
- ADFC-Radtourenkarte Lüneburger Heide / Hannover, Blatt 7, 1:150.000, ISBN 978-3-96990-041-3
- ADFC-Radtourenkarte Havelland / Magdeburger Börde, Blatt 8, 1:150.000, ISBN 978-3-96990-003-1

Die Regionalkarten auch als App für iPhone und iPad unter: www.fahrrad-buecher-karten.de/rk-digital

Zum Gebrauch des ADFC-Radreiseführers

Der ADFC-Radreiseführer besteht inhaltlich aus drei Teilen:

- Kartenteil mit dazu passenden, detaillierten Wegbeschreibungen,
- Reiseführerteil mit Informationen zu Sehenswürdigkeiten,
- Anhang mit Adressen der Touristinformationen, Fahrradwerkstätten und Übernachtungsbetrieben.

Abgerundet wird alles durch den praktischen Komfort-Umschlag sowie durch die kostenlosen GPS-Track-Daten.

Kartenteil + Wegbeschreibungen

Dieser Teil dient der optimalen Orientierung und Navigation während der Tour. Die hier platzierten exakten Karten 1:75.000 (Stadtpläne 1:15.000) und detaillierten Wegbeschreibungen sind **immer innerhalb einer Doppelseite passend zueinander angeordnet**. Somit entfällt lästiges Hin- und Herblättern zwischen Karte und Wegbeschreibung!

- Die Farbe der Radroute stellt deren Status dar: rot = beschriebene Hauptroute, orange = Zu- und Abfahrten, Varianten und Abstecher, grün = kreuzende Radfernwege.
- Die Form der Radrouten-Linie stellt die Wegeoberfläche und die Kfz-Belastung dar (stark, mäßig oder wenig/gar nicht befahren, Asphalt, Waldwege, schlechte Oberfläche – siehe Legende).
- Die Hauptroute ist in Karte und Wegbeschreibung mit einer fortlaufenden Kilometrierung versehen.
- Sowohl Haupt- als auch Nebenrouten sind mit Steigungspfeilen versehen.
- Übernachtungsbetriebe, die nach den strengen Bett+Bike-Richtlinien des ADFC zertifiziert sind, sind in der Karte mit einer Nummer dargestellt (1), anhand derer sich der Betrieb im Übernachtungsverzeichnis (s.u.) wiederfinden lässt.
- Schwarze Nummern ❶ (Orientierungspunkte) verbinden Wegbeschreibung und Karte.
- Rote Nummern ❶ (Sehenswürdigkeitspunkte) weisen darauf hin, dass diese Sehenswürdigkeiten im Reiseführerteil (s.u.) näher beschrieben werden.

Reiseführerteil

Dieser Teil öffnet Ihnen die Augen für das „links und rechts" des Wegesrands. Er ist sowohl für die Vor- und Nachbereitung der individuellen Tagesetappen geeignet wie auch fürs schnelle und gezielte Nachschlagen während der Tour.
Deshalb ist der Text übersichtlich nach Orten und Sehenswürdigkeiten strukturiert. Die roten Sehenswürdigkeits-Nummern ❶ aus den Karten bilden dabei die perfekte Orientierung und Verbindung zu Karten und Wegbeschreibungen (s.o.).

Adressverzeichnis

Hier finden Sie Adressen von Touristinformationen, Fahrradwerkstätten und Übernachtungsbetrieben.
Das umfangreiche Übernachtungsverzeichnis beinhaltet Adressen, Telefonnummern, Internetadressen und Preiskategorien. Die Quartiere sind sortiert nach Orten in der Reihenfolge der Befahrung. Handelt es sich bei einem Quartier um einen Bett+Bike-Betrieb, ist dieser zusätzlich mit einem entsprechenden Symbol und einer Nummer (1) gekennzeichnet – ein schnelles Wiederfinden in der Karte garantiert. Wir empfehlen immer, vorm Ansteuern eines Übernachtungsquartiers dort anzurufen, da hin und wieder Betriebe ausgebucht sind oder nicht mehr existieren.

Komfort-Umschlag

Der Umschlag des ADFC-Radreiseführers verfügt über zwei praktische Klappen mit oft benötigten Informationen – vor und während Ihrer Tour:

Obere Umschlagklappe mit Kartenübersicht und Höhenprofil

Die Kartenübersicht dient der großräumigen Orientierung. Hier sind alle Kartenausschnitte sowie Bahnhöfe und wichtige Sehenswürdigkeiten eingetragen. Die Route ist nochmals kilometriert – perfekt auch für die Tourplanung.

Untere Umschlagklappe mit Kartenlegende

Hier ist die Zeichenerklärung jederzeit schnell zu finden - und kann ebenfalls als praktisches Lesezeichen verwendet werden!

GPS-Track-Download

Mit dem Code **ELBN-03-202-660-RRF** können Sie sich unter **www.fahrrad-buecher-karten.de** die zum Radführer passenden gpx-Tracks kostenlos herunterladen.

Musterkartenausschnitt

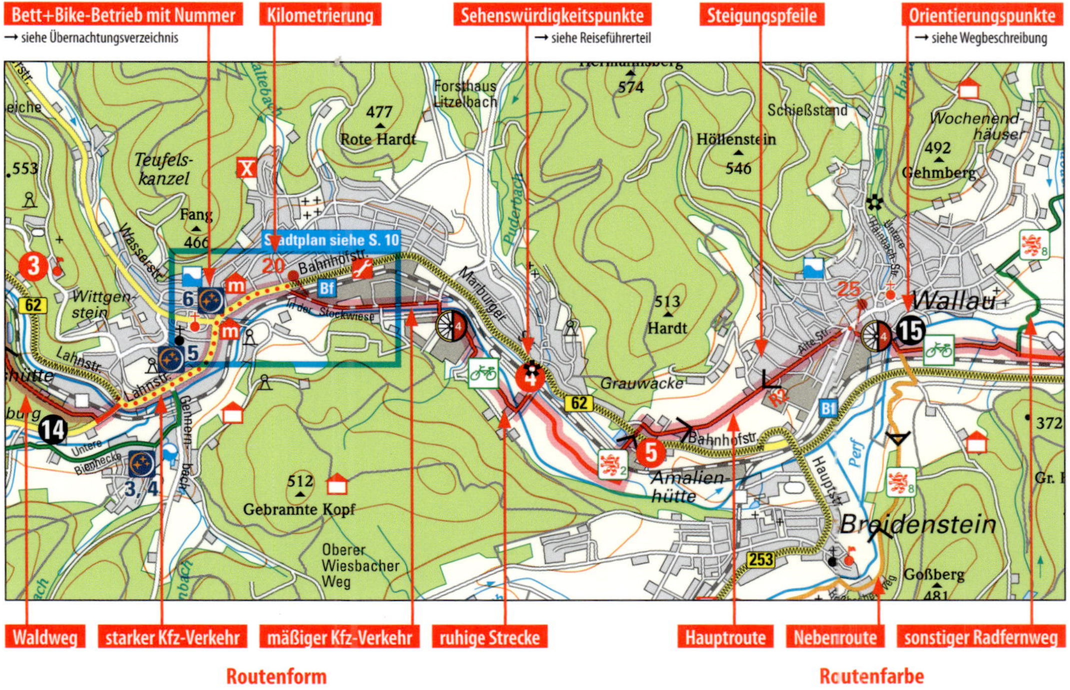

Wegbeschreibung

km

Anfahrt von Cuxhaven Hbf. Bf bis zum offiziellen Beginn des Elberadwegs (4,7km)

1. Nach Verlassen des **Bahnhofsgebäudes** halten Sie sich ***rechts*** und lenken ***links*** in die Straße *„Am Bahnhof"*.
2. Diese stößt auf die *Konrad-Adenauer-Allee (B 73)*, in die Sie nach ***rechts*** einbiegen.
3. Hinter dem Gebäude der **ARGE** geht es ***rechts*** in die *Kapitän-Alexander-Straße*.
4. 1 Am Ende nach ***links*** in die *Fährstraße* und hinter dem Wasser- und Schifffahrtsamt nach ***rechts*** zum
5. **Alten Hafen.**

CUX Marina

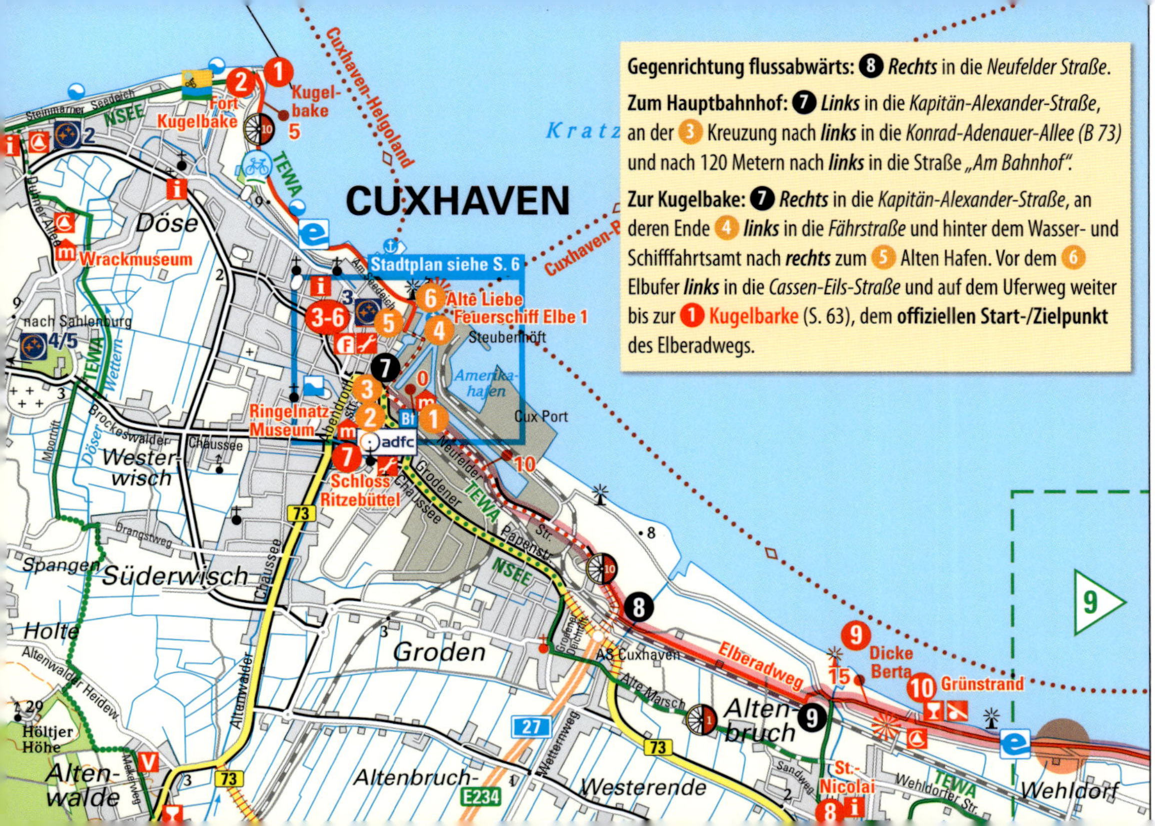

Gegenrichtung flussabwärts: ❽ ***Rechts*** in die *Neufelder Straße*.

Zum Hauptbahnhof: ❼ ***Links*** in die *Kapitän-Alexander-Straße*, an der ③ Kreuzung nach ***links*** in die *Konrad-Adenauer-Allee (B 73)* und nach 120 Metern nach ***links*** in die Straße *„Am Bahnhof"*.

Zur Kugelbake: ❼ ***Rechts*** in die *Kapitän-Alexander-Straße*, an deren Ende ④ ***links*** in die *Fährstraße* und hinter dem Wasser- und Schifffahrtsamt nach ***rechts*** zum ⑤ Alten Hafen. Vor dem ⑥ Elbufer ***links*** in die *Cassen-Eils-Straße* und auf dem Uferweg weiter bis zur ❶ Kugelbarke (S. 63), dem **offiziellen Start-/Zielpunkt** des Elberadwegs.

Wegbeschreibung

⑥ Vor dem **Elbufer** nach ***links*** in die *Cassen-Eils-Straße* und auf dem schmalen Uferweg weiter bis zur ❶ **Kugelbake** (S. 63), dem **offiziellen Startpunkt** des Elberadwegs. Unweit davon steht das ❷ **Fort Kugelbake** (S. 64).

Zurück zum

⑤ **Alten Hafen** mit dem ❸ **Leuchtturm „Alte Liebe"**, dem ❹ **Windsemaphor** und dem ❺ **Feuerschiff Elbe 1** (S. 64). Weiter in die *Kapitän-Alexander-Straße*.

❼ An deren Ende nach ***links*** in die *Neufelder Straße*.

❽ Nach ***links*** auf den **Deich**, der schon bald schöne Aussichten auf die breite Elbe und die großen Schiffe bietet.

❾ An der nächsten Weggabelung ***rechts*** halten. ***Rechts*** erhebt sich in der Landschaft die ❽ **Kirche von Altenbruch** (S. 65).

Hinter dem historischen ❾ **Leuchtturm „Dicke Bertha"** (S. 65) an der Gabelung nach ***links***.

Der ❿ **Grünstrand Altenbruch** (S. 65) lockt zur Erholungspause.

Wegbeschreibung

km

10 Der **Radweg** entfernt sich vom Ufer und verläuft weiter auf der Deichstraße.

11 Sie passieren den **Campingplatz** „See Achtern Diek" und überqueren die 11 Kanalschleuse Otterndorf. Nach 200 Metern geht es ***rechts*** nach 12 Otterndorf (S. 66).

12 Dem Elberadweg folgen Sie ***links*** auf den *Professor-Carl-Langhein-Weg*.

25

13 An der **Gabelung** ***rechts*** in die Straße *„Am Kanal"*.

14 Nach dem Rechtsbogen des **Kanals** geht es ***links*** entlang der *B 73*. Der Radweg verläuft links der Straße.

15 Am Ortsanfang von **Belum** geht es scharf ***links*** in die *Deichstraße*, die nach 80 Metern nach ***rechts*** abknickt.

16 An der **Gabelung** ***links*** halten und weiter auf der *Deichstraße*. Diese macht nach 500 Metern einen ***Rechtsknick***. Nach weiteren 150 Metern folgen Sie ihr nach ***links***.

35

17 An der **T-Kreuzung** aufpassen und scharf nach ***links*** lenken! Vorbei am 17 Natureum Niederelbe geht es über das 18 Ostesperrwerk (S. 67, Passierzeiten siehe Karte) hinweg. Für den Fall, dass das Ostesperrwerk nicht passierbar ist, die ausgeschilderte Alternativroute (grün) über Geversdorf nehmen.

Gegenrichtung flussabwärts:
Über das 18 Ostesperrwerk und vorbei am 17 Natureum Niederelbe (S. 67) in Richtung Neuhaus (Oste). Nach den ersten Häusern auf der linken Seite 17 aufpassen und scharf nach ***rechts*** lenken! An der **Gabelung** ***links*** halten und auf der *Deichstraße* in Richtung **Belum** bleiben und den Ort mit einem ***Rechts-Links-Knick*** umfahren. Nach 500 Metern an der Gabelung ***rechts*** halten. 15 ***Rechts*** auf die *Cuxhavener Straße (B 73)*. 14 Vor dem **Kanal** nach ***rechts*** und dem Kanal folgen. Bei den ersten Häusern von Otterndorf scharf nach ***rechts*** zur 11 Hadelner Kanalschleuse (S. 66) und weiter auf der *Deichstraße* in Richtung Cuxhaven.

Wandern und Radeln am Deich

E L B E
Naturschutzgebiet
Außendeich
Nordkehdingen
Ostesperrwerk passierbar
Di-Do 10-17 Uhr
April-Sept.: Sa und So 10-18 Uhr,
Okt.-März: Sa und So 10-17 Uhr
Ostebrammer Hullen
Nördlicher Sielgr.
NSG
Oste
7
11
Wehldorf
Schodenbüttler
Müggendorf
Wester-wischerteil
Im Busch
NSEE
Norder-teil
Osterwischerteil
Wehldorfer Str.
TEWA
Braakstrom
Seelandhallen
Spiel-&-Spaß-Scheune
Naturschutzgebiet
Hadelner Außendeich
Schifffahrtsweg Elbe-Weser
Kanalschleuse
Otterndorfer Schleuse
Otterndorf
12-15
Mahrdorf
Nackenbüttel
Kochenbüttel
Elbdeich
Elberadweg
Außendeich
Belumer Deich
Natureum
Ostesperr-werk
DFS
Am
Ostedeich
Belumer-schanze
Neuhäuser-
Neuhäuser-felde
deich
Neuen-hof
Neuenhof
Belum
Belumer Schleusenfleth
Bahrdorf
Kammdeich
Neuhaus (Oste)
Heimatmuseum
Bülsdorf
Belumerwisch
Hollanderhof
Altenbruch-Osterende
Warnings-ackerteil
Assel
Asselweg
Cuxhavener Land str.
Wesermünder Str.
Bf
Tivoli
Kampen
Westerwörden
Norderteil
Süderwisch
Süderwisch
Dörringworth
Osterende
Ostergehren
Katthusen
Dörringworth
Höden
Brüning-hemm
Medem
Scholien
Braunswettern
Oster-
Norderende
Norder-mittelteil
Westerende
Kehdingbruch
Wettern
Osterende
Auestade
Aue
Bahnhofstr.
Intzenbüttel
Ovelgönne
Ding-wörden
Uhlen-kamp
73

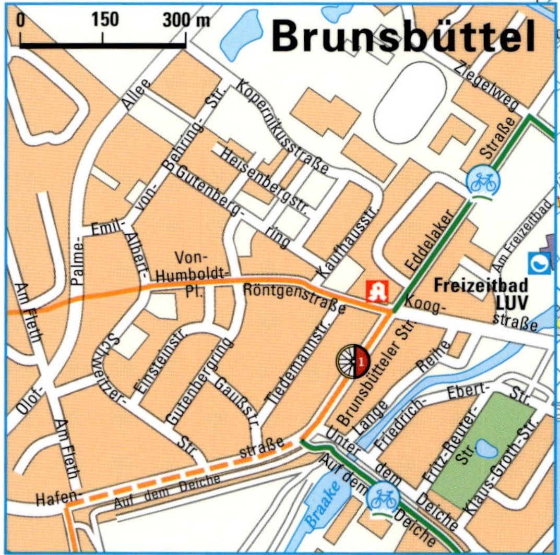

Schleusen in Brunsbüttel

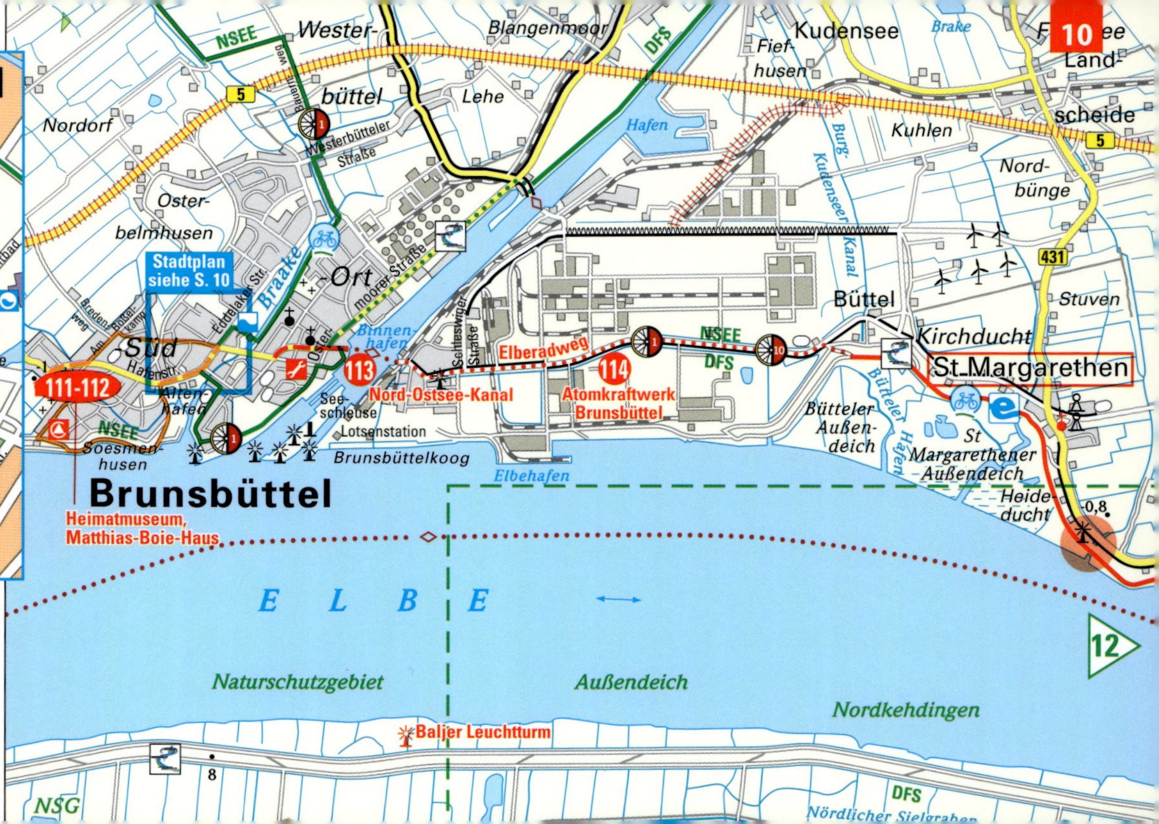

Wegbeschreibung

km 43

18 **Achtung:** Vor den ersten Häusern der Ortschaft **Hörne** scharf nach ***links*** und nach 120 Metern nach ***rechts***.

19 Der **Radwegbeschilderung** nach *rechts* folgen.

Gegenrichtung flussabwärts:
19 Der **Radwegbeschilderung** nach ***links*** folgen. **18** Vor den ersten Häusern der Ortschaft **Hörne** scharf nach ***rechts***.

Radweg bei Otterndorf

10
12
11
E L B E
Naturschutzgebiet
Außendeich
Nordkehdingen
Scheelenkuhlen
Arentsee
Wettern
Groß-
Roten-
meer
Focken-
dorf
Beiden-
fleth
431
NSEE
DFS
Siethwende
Brokdorfer
Landscheide
Dörferdeich
Neumühlen
Dodenkopp
Riep
Uhren-
dorf
Brokdörfer-
hafen
Peuser
Dorf-
str.
Kleinwisch
Beesen
Brokdorf
Roßkoop
Osterende
Großwisch
Wewelsfleth
Alfred-Döblin-Haus
115
Elberadweg
Hollermettern
Damm-
ducht
Außen-
deich
Fahrradscheune
Störort
Stör
16
Ivenfleth
Iven-
fleth
Neuen-
Blomesche
Wildnis
Nördlicher Sielgraben
Wechtern
TEWA
Stellenfleth
Schöneworth
50
55
60
Außendeich
22
20
21
Südlicher Sielgraben
Östlicher Sielgraben
Freiburger
23
Elbdeich
Krummendeich
Kurzenende
Gut I
Gut II
Gut III
Laack
Freiburg
(Elbe)
24
Dampferstieg
Freiburger Hafenpriel
All-
wördener
NSG
Stellenfleth
Schöne-
worth
Chausseehof
Hünkenbüttel
Neuensteden
14
Esch
Kamp
Deckenhausen
Ritterhof
Wechtern
Neuen-
steden
Allwördener Str.
Landesbrücker Str.
13
15
Freiburger
Schleusenfleth
nach Oederquart
Allwördener Fleth
Krummendeicher Wettern
Süderdeich
Zehntweg
Im Neuen Deich
0,8
3
2

Wegbeschreibung

km

20 An der **T-Kreuzung** nach ***links*** und gleich wieder nach ***rechts***.

21 Nach ***links*** über den **Wasserlauf**,

57 **22** an der **Wegkreuzung** ***schräg rechts*** und nach 150 Metern nach ***rechts*** abbiegen. Der Radweg verläuft jetzt am Elbufer.

23 Vor dem **Priel** nach ***rechts***.

24 Am **Ortsanfang** von Freiburg (Elbe) ***links*** in die *Neue Straße*, nach 150 Metern ***rechts*** in die *Elbstraße* und weiter in die *Hauptstraße*.

An der Kreuzung im Ort ***links*** in die Straße *„Am Deich"*. **Dann aufpassen:** Nach 300 Metern ***scharf rechts*** in die Straße *„Allwördener Deich"* und nach weiteren 100 Metern scharf nach ***links***.

Zum Abstecher nach **Glückstadt** (116 - 119, S. 101) können Sie die Fähre nutzen.

25 ***Rechts*** in die *Glückstädter Straße (B 495)* und nach 800 Metern ***links*** in die *Stader Straße*.

68 **26** Sie überqueren einen **Wasserlauf** und nach 350 Metern einen zweiten.

Für einen Besuch des 19 Kehdinger Küstenschiffahrts-Museums (S. 67) geht es danach ***links*** in die *Hafenstraße* und am Ufer nach ***links***.

Der Elberadweg verläuft weiter auf der *Stader Straße*.

Gegenrichtung flussabwärts:

Auf der *B 495* ***rechts*** in die *Glückstädter Straße* und nach 800 Metern **25** nach ***links*** auf den **Deich**. Vor Freiburg (Elbe) vom Allwördener Deich auf die Straße *„Am Deich"* wechseln und im Ort **24** ***rechts*** in die *Hauptstraße*. **Links** in die *Neue Straße* und an der Gabelung nach ***rechts*** auf den *Dampferstieg*. **23** Vor der **Elbe** nach ***links***. Nach zwei Kilometern **22** nach ***links*** und nach 400 Metern **21** nach ***rechts***. **20** An der **T-Kreuzung** nach ***links*** und gleich wieder nach ***rechts***.

Glückstadt
13
18
Sperrwerk nur passierbar an Wochenenden Mai-Sept.: 10-12 und 17-19 Uhr
Stadtplan siehe S. 14
Holler-
deich
Altendorf
Stader Str.
Köckweg
Hamel-wördener Defensions-deich
Holen-weg
Küstenschiffahrts-Museum
Wisch-hafen
Hamel-wördenermoor
Wischhafener Süderelbe
Neu-lander-moor
Neuland
Neulander Fleth
Neulander-Moorkanal
Elberadweg
Kahle-sand
Wisch-hafener-sand
Sandloch
Kraut-sand
Krautsand
Westende
Gr. Räthe
Wolfs-bruch
Wolfs-brucher-moor
Dorn-busch
Dorn-buscher-moor
Nin-dorf
nach Drochtersen
Gauensieker-sand
Ruthenstrom
E L B E
Rhin-plate
Glückstädter Nebenelbe
Hafen
Stadt-straße
NSEE
Schwarz-wasser
Herrenfeld
Schleuer
Bielenberg
Stein-deich
Kollmar
Deichreihe
Große Kirch-reihe
Kleine Kirch-reihe
Kollmar-Süd
Kuhle
Lühnhüser-deich
Grillchaussee
Herzhorn
Reichenreihe
Eng
Kehrweg
Fortuna Bad
Burggr.
Detlefsen Mus.
Rathaus
Markt-pl.
Stadt-kirche
Stadt-park
Bahnhof
Am Fleth
Binnenhafen
Am Hafen
Am Rethövel
Christian-IV-Str.
Rhin
Batardeau
0 150 300 m
Glück-stadt
16 17 19 20 21 22 23 24 25 26 27 28 29 30
70 75 80
116-119 116 117 118 119
495 431

Wegbeschreibung

km ❷❼ ***Links*** in die Straße *Elbinsel Krautsand*.

❷❽ Sie überqueren die **Wischhafener Süderelbe**.

77 ❷❾ Die Straße beschreibt eine Rechtskurve. Nach knapp 200 Metern ***links*** in die *Elbstraße* und an deren Ende nach ***rechts*** vorbei am Campingplatz Krautsand.

❸⓿ An der **Gabelung *rechts*** halten!

❸❶ Sie überqueren einen **Wasserlauf** und fahren an der Gabelung ***rechts***.

❸❷ An der **Gabelung *rechts*** halten und nicht zum Deich hochradeln. Sie passieren die ㉑ Festung Grauerort (S. 68).

90 ❸❸ An der **Gabelung *rechts*** auf die *Elbstraße*.

❸❹ Sie stoßen auf den *„Obstmarschen Weg" (L 111)*, radeln in Fahrtrichtung weiter und biegen nach 250 Metern ***links*** in die *„Alte Chaussee"*.

❸❺ An der **Gabelung *rechts*** halten und auf der *„Alten Chaussee"* bleiben.

Gegenrichtung flussabwärts: An der **Kreuzung *rechts*** auf die *L 111* und nach 250 Metern ***rechts*** in die ❸❹ *Deichstraße* vorbei an der ㉑ Festung Grauerort (S. 68), weiter auf dem *Deichweg*. Hinter dem Campingplatz Krautsand ***links*** in die *Elbstraße* und an deren Ende nach ***rechts***. ❷❾ Die Straße beschreibt eine **Linkskurve**. Über die ❷❽ **Wischhafener Süderelbe**, an der T-Kreuzung ***rechts*** in die *Dornbuscher Straße*.

Wegbeschreibung

km

36 Von der *Alten Chaussee* geht es weiter ***geradeaus*** in den Schneedeich.

95 37 Über die *L111* hinweg geht es weiter auf den *Schneeweg*. Wer vom *„Schneedeich"* gelangt bei Überquerung der *L 111* hierhin.

38 Über den **Hörne-Götzdorfer Kanal** hinweg, im Rechtsbogen

39 nach ***links*** zum **Friedhof** abbiegen und

40 im Kreisel ***geradeaus*** in die *Hansestraße* einbiegen.

Von hier aus bietet sich ein Abstecher in die Stader Altstadt (22-28, S. 68) an.

Bevor die *Hansestraße* in den *Salztorswall* übergeht

41 ***links*** in die *Altländer Straße* einbiegen und hinterm **Burggraben** gleich wieder

42 ***links*** in den Weg, der zum *Kommandantendeich* wird, ein Stück Richtung Norden.

43 Die Route biegt ***rechts*** ab und führt Sie auf einer autofreien Strecke wieder auf

44 den *Schnurweg*. Nach wenigen Metern ***geradeaus***

45 biegen Sie ***links*** ein auf die Straße *Am Schwingedeich*.

100 46 An der Gabelung ***rechts*** halten.

47 Sie unterqueren die *L 111* und halten sich nach 300 Metern an der Gabelung ***links***.

km

48 ***Links*** in die *Bassenflether Chaussee* und nach 200 Metern ***rechts*** in die Straße *„Bassenfleth"*.

104 49 An der **Gabelung** ***links*** halten zum Elbufer.

50 Sie passieren ein **Freibad**.

Gegenrichtung flussabwärts: 49 In **Hollern-Twielenfleth** an der Gabelung ***links*** halten. 48 An der Kreuzung ***links*** in die *Bassenflether Chaussee* und nach 200 Metern ***rechts*** in die Straße *„Am Wegen"*. 47 Sie unterqueren die *L111* und 46 folgen der Straße im Linksbogen. In **Stade** 45 ***rechts*** ab in den *Schnurweg*, 44 ***geradeaus*** und 43 ***links*** in den *Kommandantendeich*, dann 42 ***rechts*** über den **Burggraben** und 41 wieder ***rechts*** in die *Hansestraße*. Am 40 Kreisel ***rechts***, am **Friedhof** vorbei, wieder 39 ***rechts*** auf den *Stader Schneeweg* und 38 über den **Kanal** hinweg. 37 Über die *L111* hinweg in den *Schneedeich* und 36 weiter ***geradeaus*** in die *Alte Chaussee*.

Sightseeing per Velo Stade

40 Von der *Hansestraße* kommend, ***rechts*** in die Straße *„Wasser West“* zum 22 Schwedenspeicher, zum 24 Hansehafen mit dem 23 Bürgermeister-Hintze-Haus und in die 25 Altstadt (S. 68). Über den **Fischmarkt**, vorbei am alten **Tretkran** und ***rechts*** in die *Hökerstraße* zur 26 Löwenapotheke, zum 27 Alten Rathaus und zur 28 Cosmae-Kirche (S. 69).

Wegbeschreibung

km

Abstecher nach Elmshorn

Vom **Elberadweg** kommend, in Höhe des Hafens der Straße *„Nordufer"* nach ***links*** folgen, ***rechts*** in die Straße *„Wedenkamp" (B 431)* und ***links*** in die Straße *„Damm"* zur 120 St.-Nikolai-Kirche (S. 103).

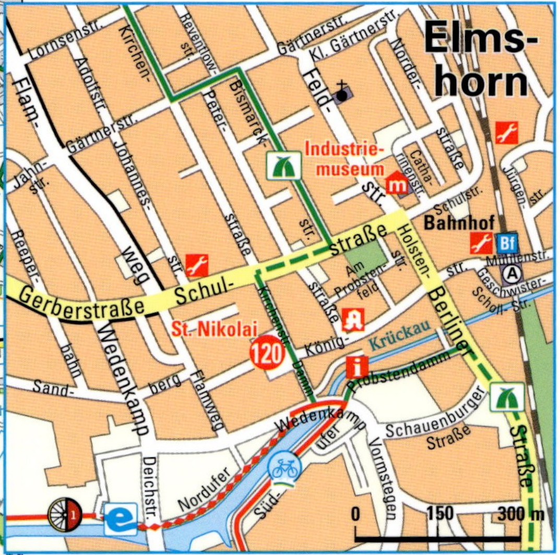

Sperrwerk Pinnau

Wegbeschreibung

km

51 Am Anleger der **Fähre nach Wedel** nach ***rechts*** in die *„Fährstraße“* und dann nach ***links*** auf den Radweg auf dem **Lühedeich**.

116 52 In **Mittelnkirchen** nach ***links*** in die *„Dorfstraße“* und an der Gabelung nach ***links*** in den *„Muddweg“* nach **Jork**. In 31 **Jork** lohnt ein Abstecher zum 32 **Museum Altes Land**. Auf dem Elberadweg geht es weiter zur 33 **Klappbrücke Hove**.

53 Hinter der Brücke lenken Sie ***links*** in die Straße *„Groß Hove“*.

54 Am Ende biegen Sie erneut ***links*** auf den *Neuenfelder Fahrdeich* und

131 55 überqueren nach ***rechts*** die Este.

56 Sie lenken ***rechts*** auf den *Cranzer Hauptdeich*.

57 Sie nehmen die **Fähre Cranz-Blankenese** und wechseln das Elbufer. Um auf die Fähre zu gelangen, muss das Rad eine Treppe herunter befördert werden.

58 Vom **Fährhafen** in Blankenese 100 Meter ***geradeaus*** bis zum Strandweg und dort nach ***rechts***.

135 59 **Achtung!** Der Radweg knickt von der Straße nach ***rechts*** ab zur Elbe. Nach 300 Metern passieren Sie einen Bootshafen. Weiter geht es auf dem Uferweg entlang der Elbe.

Gegenrichtung flussabwärts:

Hinter dem **Bootshafen** nach ***links***, nach 200 Metern nach ***rechts*** und erneut 62 nach ***links***. Nach 300 Metern nach ***links*** zur 61 **Fähre** nach Cranz. Am 60 anderen **Elbufer** nach ***rechts***. Vom **Cranzer Hauptdeich** ***links*** 56 in **Estedeich**, hinter der Brücke ***rechts*** 55 und ***rechts*** 54 in die Straße *Groß Hove*. Am Ende ***rechts*** über die **Brücke** 53, in Mittelnkirchen ***rechts*** 52, ***links*** über die Lühe und sofort ***rechts*** in Bergfried. In Grünendeich 51 ***rechts*** zum Anleger der **Fähre nach Wedel** und ***links*** weiter entlang des Deichs.

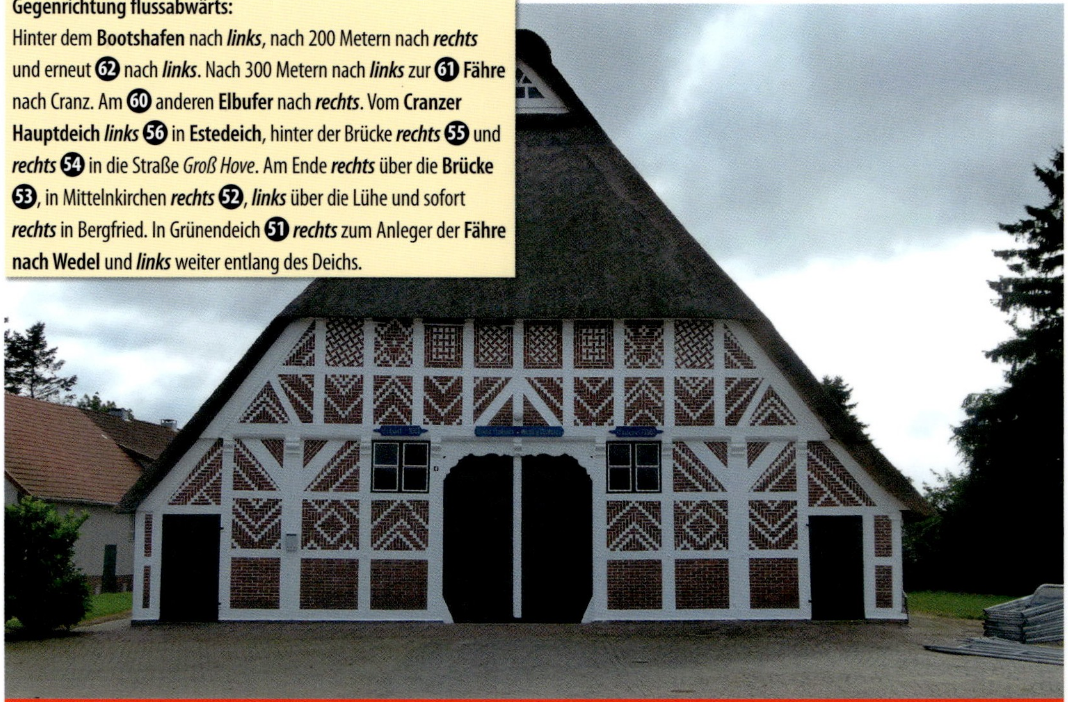

Bauernhof in York

17
Elbe
Vogel-
beobachtungs-
station
NSG
Fährmanns-
sand
110
verkehrt an Wochenenden
und Feiertagen 2x täglich
Wedel
121
Stadt-
museum
Rissener Straße
431
Rissen
Sülldorf
Iser-
brook
Osdorf
Schulau
Grünen-
deich
Elbdeich
51
Hogendiek-
Klappbrücke
122
123
Schiffs-
begrüßungsanlage,
Ernst Barlach Museum
Tinsdal
Falken-
stein
Golfplatz
Elberadweg
Blankenese
135
59
58
Nienstedten
Dockenhuden
Am hohen
Deich
Höhen
Lühe
30
Hanskalbsand
Stein-
kirchen
Hohenfelde
115
Wisch
Neuen-
schleuse
Naturschutz-
Neßsand
gebiet
Schweinsand
Hahnöfer Nebenelbe
Hohenfelder Wettern
Berg-
fried
Hamburger
Jugendgefängnis
Hahnöfer
Sand
Naturschutz-
gebiet
Borsteler Binnenelbe
Mühlenberger
Loch
Fugzeugwerft
AIRBUS
23
52
Mittelnkirchen
Gehrden
Hinterbrack
29
Obstmarschenweg
Borstel
56
57
Cranz
Finken-
werder
Neßstraße
Guder-
hand-
viertel
120
32
Westerjork
Gräfenhof
Kohlenhusen
Königreich
55
Museum
Altes Land
31
Hinterdeich
Osterjork
Werft
Lieden-
130
54
Neuen-
kummer
felde
Rosen-
garten
NSG
Neu-
hof
Neuen-
kirchen
Neuenschleusener
Wettern
Jork
Elberadweg
125
Klappbrücke
Hove
33
53
Groß-Hove
Wester
Ladekop
21

Wegbeschreibung

km

60 Der Weg knickt von der **Elbe** weg nach ***links*** und führt dann nach ***rechts*** durch den Ortsteil Övelgönne. Da der Weg sehr schmal ist und auch von Fußgängern benutzt wird, ist Schieben angesagt!

143

61 An der **T-Kreuzung** nach ***rechts*** zum 34 **Museumshafen Övelgönne** (S. 71).

Sightseeing per Velo Hamburg
incl. Wegbeschreibung 62 - 64 s. S. 24

65 Sie unterqueren an der **Oberhafenbrücke** die Bahnlinie und halten sich ***rechts*** auf dem Radweg.

66 Sie überqueren den **Schleusenkanal**

67 und überqueren die **Bille**.

68 Sie lenken nach ***rechts*** in die *Reginenstraße*.

152

69 Sie unterqueren die **Billhorner Brücke**, biegen nach ***links*** und bei nächster Gelegenheit nach ***rechts*** entlang des Ufers.

70 Sie lenken nach ***rechts*** zum Kreisverkehr, nehmen die erste Ausfahrt und biegen unmittelbar danach nach ***rechts*** über die schmale **Brücke** auf die **Elbinsel Kaltehofe** zum 50 **Museum Wasserkunst Elbinsel Kaltehofe** (S. 77).

Landungsbrücken mit Elbphilharmonie

Gegenrichtung flussabwärts:
Vorbei am 50 **Museum Wasserkunst Elbinsel Kaltehofe** (S. 77) über das Sperrwerk Billwerder Bucht, nach ***links*** auf den Ausschläger Elbdeich, erneut ***links*** auf den Entenwerder Stieg und nach ***links*** auf den Radweg entlang der Elbe. Vom *Alexandra-Stieg* 69 biegen Sie ***links*** ab und unterqueren ***rechts*** die *Billhorner Brückenstraße*. Die Route verläuft ***rechts*** weiter auf der *Reginenstraße*, knickt 68 ***links*** ab und führt unter den **Bahnschienen** am **Oberhafenkanal** lang. Sie queren die **Bille** 67 und halten sich ***links***.
Sightseeing per Velo Hamburg, s. S. 24
Hinter dem 34 **Museumshafen Övelgönne** (S. 71) ***rechts*** in den **Övelgönner Mühlenweg** und in die nächste 61 **Straße** nach ***links***.
Nach dem 60 **Linksknick** weiter entlang der Elbe.

HAMBURG
Dockenhuden
Gr. Flottbek
Ottensen
Altona
St. Pauli
Neustadt
St. Georg
Rotherbaum
Außenalster
Eilbek
Hohenfelde
Borgfelde
Hamm
Othmarschen
Nienstedten
Elbchaussee
Elberadweg
Museumshafen Oevelgönne
Planten un Blomen
Michaeliskirche
Reeperbahn
Fischmarkt
U-Boot-Museum
Altstadt
Speicherstadt
Klostertor
Stadtplan siehe S. 25
ELBE
Norder Elbe
Steinwerder
Waltershof
Köhlbrand
Köhlbrandbrücke
Grasbrook
Hafenmuseum
Billwerder Ausschlag
Rothenburgsort
Tiefstack
Museum Wasserkunst Elbinsel Kaltehofe
Kaltehofe
Veddel
Peute
Holzhafen
Billwerder Insel
Moorfleet
Finkenwerder
Alte Süderelbe
NSG
Wilhelmsburg
Georgswerder
Altenwerder
Containerterminal
Vierzigstücken
Francop
Hafenrand
Harburger Chaussee
Elbtunnel
Alter Elbtunnel
Ost-West-Str.
Bille
Elbe
NSEE
adfc
60 z.Zt. Schiebestrecke
AS HH-Bahrenfeld
AS HH-Othmarschen
AS Hamburg-Waltershof
AS HH-Veddel
AS HH-Georgsw.
AK HH-Süd
AD HH-Südost
AS HH-Horn
HH-RÜG
E45
E22
E26
21
26
23

Wegbeschreibung

km **Sightseeing per Velo Hamburg**

Sie passieren den 35 Altonaer Fischmarkt (S. 71). An der Ecke Große Elbstraße/St. Pauli Fischmarkt sehen Sie am Elbufer das 36 U-Boot-Museum Hamburg (S. 71).

Sie radeln an den 37 St. Pauli Landungsbrücken (S. 73) vorbei.

147 62 Vor dem **Verlagsgebäude** von Gruner + Jahr bietet sich nach ***links*** ein Abstecher durch den *Neustädter Neuen Weg* zur 38 Michaeliskirche („Michel“, S. 73) an.

Binnenalster

63 Von der **U-Bahn-Station Baumwall** haben Sie einen ersten Blick auf die Speicherstadt mit der neuen Elbphilharmonie. Für einen Abstecher können Sie über die Niederbaumbrücke und dann ***halblinks*** in die Straße *„Am Sandtorkai“* zum 39 Speicherstadtmuseum (S. 73) radeln. Nur wenige Meter weiter befindet sich 40 Spicys Gewürzmuseum, das 41 Miniatur Wunderland und das 42 Hamburg Dungeon (S. 73).

Sie gelangen an die **Brandstwiete**. Hier bieten sich Abstecher an. Nach ***links*** geht es zum 43 Rathaus und zur 44 Binnenalster (S. 75). Nach ***rechts*** über die Brücke erreichen Sie das 45 Deutsche Zollmuseum und das 46 Internationale Maritime Museum (S. 75). Weiter auf dem Radweg bietet sich nach 200 Metern ein Abstecher nach ***links*** zum 47 Chilehaus (S. 76) an.

149 64 Sie passieren die **Oberbaumbrücke** und dahinter das **Haus der Photographie** in einer der beiden 48 Deichtorhallen (S. 76). Gegenüber auf der anderen Seite der Elbe ist auf der Ericusspitze das neue 49 SPIEGEL-Haus (S. 76) zu sehen. Sie radeln weiter auf dem Radweg entlang des Ufers.

Gegenrichtung flussabwärts:
Sie unterqueren an der **Oberhafenbrücke** die Bahnlinie und radeln weiter vorbei an den **48 Deichtorhallen** (S. 76) und der **64 Oberbaumbrücke** und weiter entlang des Ufers vorbei an den **37 St. Pauli Landungsbrücken** (S. 73). Vorbei am **35 Altonaer Fischmarkt** (S. 71).

Wegbeschreibung

km 157

71 Sie unterqueren die Autobahn *A 1*.

72 An der **T-Kreuzung** ***rechts*** auf den *Tatenberger Weg* und über die Tatenberger Schleuse. Nach 300 Metern ***links*** auf den Tatenberger Deich und nach weiteren 200 Metern

73 auf den **Radweg** nach ***rechts***.

Gegenrichtung flussabwärts:

73 An der **T-Kreuzung** nach ***links*** und nach ***rechts*** über die Tatenberger Schleuse. Dann **72** ***links*** auf den Moorflether Hauptdeich.

Schuten im Hamburger Hafen

Elbaue

Hohen-
deich
165
Fünf-
hausen
See-
feld
Neuen-
gamme
Hagolt
Over
Over-
haken
Warwisch
Schrebenhof
Wraust
Holaake
Hitscherberg
KZ-Gedenkstätte
Neuengamme
52
Natur-
schutz-
gebiet
Kirch-
werder
Friesen-
werder-
moor
ELBE
Warwischer Hauptdeich
Wuhlenburg
Groß-
Klein-
Rosenweide
Fliegenberg
Elberadweg
Howe
170
Riepenburger
Mühle
74
75
51
29
Plack
Alter-
deich
Hörsten
NSG
Junkern-
feldsee
An der Seeve
Seeve
Maschen
Steller
See
Sande
Lütjen-
burg
Zollen-
spieker
Riepen-
burg
West-
Krauel
Hoopte
39
40
41
Fähre:
1.März-30.November
an Wochenenden und
Feiertagen von 8.30-
20.00 Uhr, an Werktagen
von 6.00-20.00 Uhr.
Elbuferstraße
Haue
Laßrönne
Fachen-
felde
Harburger
Straße
Neuland
Achter-
deich
Stöckte
Stelle
Neue Wettern
Alte Wettern
Ashausener Mühlenbach

Wegbeschreibung

km **74** Vor dem **Spielplatz** nach ***links*** und dann weiter in Fahrtrichtung auf dem Kirchwerder Marschbahndamm.

75 An der Straßenkreuzung bietet sich ein Abstecher nach ***links*** zur **51** Riepenburger Mühle und zur **52** KZ-Gedenkstätte Neuengamme (S. 77) an. (ca. 4 km)

179 **76** Hinter der Kirche in Altengamme nach ***rechts*** in die Straße *Kirchenstegel*.

77 ***Links*** über den **Altengammer Elbdeich** auf den **Altengammer Hauptdeich** und

78 ***rechts*** über den **Borghorster Elbdeich** nach Geesthacht.

79 Nach ***links*** die Auffahrt zur **Brücke** nehmen und neben der *B 404* den Kanal und anschließend die Elbe überqueren.

Abstecher nach Geesthacht (ca. 3 km)

79 Weiter geradeaus dem Elberadweg folgen, in Höhe des Hafens nach ***halblinks*** in die *Elbestraße* und ***links*** in die *Hafenstraße*. Nach dem Rechtsknick *links* in die *Bergedorfer Straße* zum **124** Geesthacht Museum (S. 104).

186 **80** Der **Radweg** stößt, nachdem er sich von der Brücke entfernt hat, an die *Elbuferstraße*. Dort nach ***links***, die Brücke unterqueren, unmittelbar dahinter nach ***links*** und weiter auf dem Elbdeich flussaufwärts.

81 An der **Gabelung** ***rechts*** halten.

Gegenrichtung flussabwärts:

80 Über die **Brücke** in Richtung Geesthacht, auf der anderen Elbseite weiter **79** Richtung **Hamburg. 78** ***Links*** Altengammer Hauptdeich, ***rechts*** Altengammer Elbdeich, **77** ***rechts*** *Kirchenstegel* und **76** ***links*** auf den Altengammer Marschbahndamm. Vor dem **74** **Spielplatz** nach ***rechts*** und wieder ***rechts*** auf den Kirchwerder Marschbahndamm.

Geesthacht Museum

Curslack
Neuengamme
Vierlande
Kirchwerder
Holaake
Hitscherberg
Altengamme
Borghorst
Voßmoor
Düneberg
Hans-Mayer-Siedlung
Besenhorster Sandberge
NSG
Richtweg-Riesdahl
Hansaviertel
Spakenberg
Höchelsberg
Kreuzberger Str.
Stadtplan siehe S. 28
Geesthacht
Geesthacht Mus.
Großer Werder
Grüner Jäger
Stausee
Niedermarschachter Werder
KZ-Gedenkstätte Neuengamme
Elberadweg
HH-RÜG
Lange Grove
Achterdeich
Stove
Elbstorf
Drennhausen
Drage
Schwinde
Rönne
Niedermarschacht
Marschacht
Obermarschacht
Krümmel
AKW Krümmel
ELBE
Tespe
Riepenburger Mühle
Riepenburg
West-Krauel
Ost-Krauel
Kronshorst
Gose Elbe
Zollenspieker
Krümse
Brandfeld
Elbmarsch
Haue
Laßrönne
Eggerslust
Winsener Marsch
Eichholz
Hauptkanal Ilaugraben
Hauptkanal Ilau-Schneegraben
Reithalle
Fähre: 1.März-30.November an Wochenenden und Feiertagen von 8.30-20.00 Uhr, an Werktagen von 6.00-20.00 Uhr.
Elbuferstraße
Neuengammer Hauptdeich
Lüneburger Str.
404
5
27
31
170
175
180
185
190

Wegbeschreibung

km

82 Von der Terrasse des Cafés am Elbufer bietet sich ein Blick auf das 53 **Atomkraftwerk Krümmel** (S. 77).

194 83 Vom *Deichweg* nach ***rechts*** auf die *Elbuferstraße*, dort nach ***links*** und nach 300 Metern ***links*** auf die Straße *„Am Deich"*.

84 ***Links*** in die *Lorenz-Müller-Straße (L 217)*.

85 In Höhe des **Bootshafens** nach ***links*** versetzt in die Straße *„Am Deich"*

86 An der Gabelung ***links*** halten in die *Deichstraße*.

87 An der Gabelung ***rechts*** halten auf den *Wiesenweg*. Nach 300 Metern passieren Sie die 54 **Windmühle Artlenburg** (S. 78). Anschließend unterqueren Sie die B 209.

200 88 Nach ***links*** und den Elbe-Seitenkanal überqueren.

89 An der T-Kreuzung nach ***links***, die *B 209* überqueren und weiter auf den *Treidelweg* entlang der Elbe.

90 Am Ortsanfang von Hohnstorf vorbei am **Campingplatz**.

91 Am Bootshafen ***rechts*** in den *Basedows Weg* und am Ende ***links*** auf den Radweg neben der *B 209* und über die Brücke nach Lauenburg.

Sightseeing per Velo Lauenburg

92 Von der Elbbrücke kommend, ***links*** in die *Hafenstraße* und weiter in die *Elbstraße* zum 55 **Elbschifffahrtsmuseum** (S. 79), zum 56 **Künstlerhaus Lauenburg**, zur 57 **Bronzefigur „Der Rufer"** (S. 79) und zum 58 **Hochwasserpegel**. Nach ***rechts*** bergauf in die Straße *„Graben"* und hinter der 59 **Maria-Magdalenen-Kirche** (S. 79) nach ***rechts*** zum 60 **Lauenburger Schloss**. Wer zur 61 **Lauenburger Mühle** (S. 79) will, muss weiter bergauf, ***rechts*** in die *Berliner Straße (B 209)* und ***links*** in den *Büchener Weg*. Von dort geht es ***rechts*** in den *Mühlenweg*.

92 Dem **Elberadweg** folgen Sie hier auf der *B 209* nach *rechts*.

93 *Rechts* auf die *B 5*, die über den Elbe-Lübeck-Kanal führt. Hinter der Brücke geht es für einen Abstecher zur **62 Palmschleuse** (S. 80). Der Elbradweg verläuft weiter auf der *B 5*.

94 Hinter dem Gebäude der MEWA Textil-Service AG nach *rechts* und gleich auf den Radweg nach *links*, der parallel zur *B 5* verläuft. Nach 600 Metern erreichen Sie die **Grenze** zwischen Schleswig-Holstein und Mecklenburg-Vorpommern. Vor 1989 verlief hier die Grenze zur DDR.

Gegenrichtung flussabwärts:

94 ***Links*** auf die *B 5* nach Lauenburg. Hinter der **93** Brücke nach ***links*** in die *B 209* und dieser über die Elbe folgen. Hinter der Brücke in Hohnstorf ***rechts*** in den *Basedowweg* und am **91** Bootshafen nach ***links*** auf den Deich. Die *B 209* überqueren und in den nächsten **89** Weg nach ***rechts***. Hinter dem Kanal **88** nach ***rechts***, die *B 209* unterqueren und später weiter auf dem Deich **85** nach ***rechts*** auf die *Lorenz-Müller-Straße*. An der **84** Gabelung nach ***rechts*** auf den Deich.

Lauenburg (Elbe)
Boizenburg (Elbe)
Elbe
Elberadweg
Checkpoint Harry
Altstadt
Deutsches Fliesen-museum
Palmschleuse
Pfarrwitwen-haus
Naturpark Elbhöhen Wendland
Biosphärenreservat Niedersächsische Elbtalaue
Rensdorf
Bickhusen
Streitheide
Toitenwinkel
Lanze
Horst
Vier
Barförde
Sassendorf
Hittbergen
Garlstorf
Wendewisch
Brackede
Radegast
Gothmann
Bahlendorf
Bahlen
Neu Gülze
Kiekut
Zahrensen
Hühnerbusch
Blücher
Gülze
Bandekow
Soltow
Franzhagen
Friedrichs-mühlen
Vorderhagen
Weitenfeld
Teldau
Schleusenow
Paulshagen
Langfeld
Amholz
Heisterbusch
Vitico
Achterholz
Vogelsang
Jürgenstorf
Ahrenschulter
Ahrenschulter See
Bruchwetter
Marschwetter
Seegraben
Radegaster Haken
Sude
Schaale
Boize
Elbe-Lübeck-Kanal
Die Aue
Langer See
NSG
Berliner Straße
Hamburger Str.
Markttorstr.
Fritz-Reuter-Str.
Dorfstraße
Deichstr.
Pferdekoppel
Am Deich
nur Güterverkehr
Bf
210
215
220
225
62
63
64
65
93
94
95
96
97
57
31
5
195

Wegbeschreibung

km

95 An der **Kreuzung** in Fahrtrichtung in den *Kastanienweg* und weiter vorbei am alten 63 **Kontrollpunkt** (S. 80), dem heute so genannten „Checkpoint Harry" in die Stadt 64 **Boizenburg** (S. 80).

216 96 Nach ***rechts*** zum **Hafen**, vor dem Hafenbecken nach ***links*** und dann nach ***rechts*** auf den Radweg entlang des Hafens.

97 Nach ***rechts*** auf die **Brücke**, die das Flüsschen Sude überquert und dann nach ***links*** auf den Elbdeich.

229 98 Sie passieren die Ortschaft **Neu Bleckede** und bleiben weiter auf dem Elbdeich.

99 In der Ortschaft **Stiepelse** mündet der Deichweg auf die *Elbstraße*. Hinter dem Ort radeln Sie auf dem Deichweg weiter.

Gegenrichtung flussabwärts:
Auf dem Deich vorbei an 99 **Stiepelse** und 98 **Neu Bleckede**. In 64 **Boizenburg** (S. 80) am Hafen nach ***links***, am 96 Ende nach ***rechts*** und gleich ***links*** in die Straße *„Mühlentor"*. Hinter dem alten 63 **Kontrollpunkt** (S. 80) an der 95 **Kreuzung** in Fahrtrichtung weiter.

Wegbeschreibung

km

Sie passieren das 66 Marschhufendorf Konau (S. 81).

Abstecher nach Neuhaus in Darchau (5 km)

Nach ***links*** auf die *Hauptstraße*. Nach 5,5 Kilometern in Neuhaus ***links*** auf die *Lüneburger Straße (B 195)*. Diese mündet nach 700 Metern auf den Markt, rechter Hand steht das 67 Heimatmuseum Neuhaus, (S. 81).

Gegenrichtung flussabwärts:

Auf dem Elbdeich vorbei am 66 Marschhufendorf Konau (S. 81).

Neu Darchau
80
Göhrder Str.
Vockfey
Zeetze
Biosphärenreservat
Kohlepant
SEEN
195
Pommau
10
Niedersächsische
Schutschur
109
Glienitz
Elbe
Ventschauer Mühlenbach
Quarstedt
71
Stixe
Stixer Hof
Elberadweg
Ventschau
Drethem
250
Darzau
Privelack
11
Elbtalaue
Moislingen
Sammatz
34
Bahrendorf
Tiesmesland
Rassau
Wietzetze
Elberadweg
58
Kovahl
Neestahl
Kateminer Mühlenbach
Naturpark
Tießau
Elbuferstr.
Forsthaus Junkerwerder
255
37
55
64
Tangsehl
Leitstade
Elbhöhen
Bf
62
65
Pommoissel
Wendland
Gut Meudelfitz
Grünhagen
Siedlung Meudelfitz
Klötzie
103
Nieperfitz
71
Pussade

Wegbeschreibung

km **Abstecher nach Hitzacker (1 km)**

100 In der Ortschaft **Herrenhof** die Fähre ans andere Elbufer nehmen. Dort von der Elbfähre ortseinwärts auf die *Elbstraße* und ***links*** über den Kranplatz in die *Zollstraße* zum **68** Alten Zollhaus (S. 82). Rechts in die *Hauptstraße* und ***links*** in die *Marschtorstraße* zur **69** St.-Johannis-Kirche (S. 82). Das **70** Archäologische Zentrum (S. 82) befindet sich südlich der Stadt außerhalb des Stadtplans.

261 **101** Nach ***rechts*** in die *Elbstraße*.

102 Sie passieren die Ortschaft **Wehningen**.

103 Der **Elberadweg** stößt auf die *Bundesstraße 195* und knickt nach 90 Metern nach ***rechts*** ab.

Sie gelangen nach **71** Rüterberg (S. 83). An der Gabelung rechts auf die *Friedhofstraße*.

104 **Achtung:** Scharf ***links*** abbiegen! Nach 850 Metern ***rechts*** auf die *B 95*.

275 **105** Sie überqueren die *B 191* und radeln auf dem Radweg auf der gegenüberliegenden Straßenseite nach ***rechts***.

106 Vor der **Elbe** nach ***links*** auf den Deichweg.

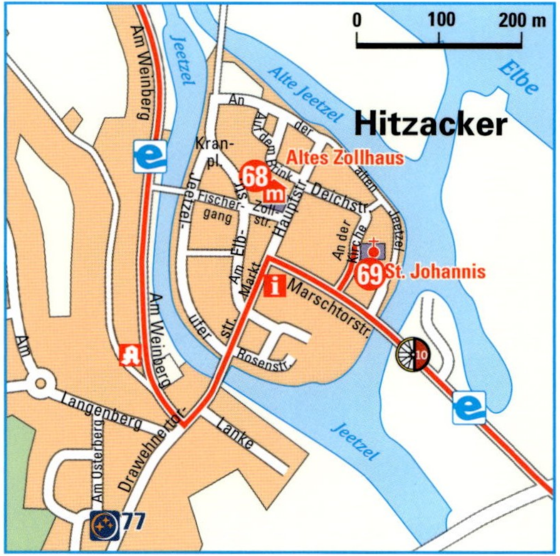

Gegenrichtung flussabwärts:

106 Vor der Brücke ***rechts*** auf die *B 191*. An der **105** Kreuzung ***links*** auf die *B 195*. Nach 1,7 km nach ***links***. An der **104** T-Kreuzung nach ***rechts*** nach **71** Rüterberg (S. 83). Am Ende ***links*** auf die *B 195* und nach 90 Metern **103** nach ***links*** auf den Deich und vorbei an der **100** Fähre nach Hitzacker (**68**-**70**, S. 82).

Elbaue bei Dömitz

Kaarßen
Tripkau
Rassau
Pinnau
Naturpark
Mecklenburgisches
Elbetal
Biosphärenreservat
Niedersächsische
Elbtalaue
Ziegelei Tripkau
Leitgraben
Krainke
Alter Haken
NSG
Wehningen
Heidhof
Bohnenburg
Bitter
Herrenhof
Wilkenstorf
Jasebeck
Siedlung Jasebeck
Uhlehorst
Gut Meudelfitz
Klötzie
Stadtplan siehe S. 36
Eichengrund
Sarchem
Herrenmühle
Lüneburger Str.
Elbuferstr.
Archäologisches Zentrum
Hitzacker
Laake
Gosewerder
Vergünne
Strachau
Raffatz
Strachauer Rad
„Dorfrepublik" Rüterberg
Rüterberg
Landsatz
Barnitz
Friedrichsruh
Dömitz
Dömitzer Brücke
Festung
Ludwigsluster Str.
Löcknitz
Elbe
Elberadweg
Wussegel
Nienwedel
Jeetzel
Penkefitz
Penkefitzer See
Damnatz
Wulfsahl
historische Eisenbahnbrücke
Kaltenhof
verfallener Bahndamm
Brandleben
Kamerun
Taube Elbe
Grabau
Predöhlsau
Dambeck
nach Dannenberg
Gümser See
Seedorf
Naturpark
Elbhöhen-
Wendland
Gut Hagen
Sarenseck
Seerau
Kähmen
Drawehner Str.
Gelderländer Str.
SEEN
35
38
37

Wegbeschreibung

km **107** Ein Abstecher führt ***links*** nach Dömitz zum **72 Museum Festung Dömitz** (S. 83).

108 ***Rechts*** auf die *Werderstraße (B 195)* und über die *Müritz-Elde-Wasserstraße*.

281 **109** Vor dem Fluss Löcknitz der *B 195* nach ***rechts*** folgen.

110 Von der *B 195* nach ***rechts*** auf den Deichweg. Hier haben Sie Mecklenburg-Vorpommern verlassen und befinden sich in Brandenburg. Auf den folgenden Kilometern geht es durch einen besonders schönen Teil der **73 Elbtalaue** (S. 84). Störend ist die teilweise schlechte Wegstrecke auf dem Deich vor allem zwischen Besandten und Unbesandten. Hier sind noch alte teils eingesackte Betonplatten im Einsatz.

296 **111** Sie passieren die Ortschaft **Mödlich**.

Gegenrichtung flussabwärts:
111 Vorbei an Mödlich auf dem Elbdeich und **110** weiter auf der *B 195* nach Dömitz. **108** Hinter dem Hafen nach ***links*** auf den Deich.

Am Deich bei Dömitz

Biosphärenreservat
Flusslandschaft
Elbe-Brandenburg
Lenzen (Elbe)
74-76
Burg, Rathaus, Stumpfer Turm
89
Mühlenberg
49
35
Besandten
81
Unbesandten
Stall
195
Elbe
Wentorfer Berg
41
33
Grippel
Puttloser
Moor
Landwehr
NSG
Pretzetze
20
290
Kietz
82
Rosendorf
Wootz
295
Burg-wall
Klein Wootz
Elberadweg
Laase
Dannenberger Landgraben
16
15
Siemen
Gedelitzer Kanal
Kupernitz
17
19
Gorleben
84
83
Gorlebener
Forst
Gedelitz
Zwischenlager Gorleben
127
Zwischenlager für Atommüll, Gorleben
Erkundungsbergwerk Gorleben
Dünsche
Mödlich
86/87
111
88
Alte Fischerkate
300
112
NSG
85
Vietze
Heimatmuseum Vietze
76
Funkübertragungsstelle
128
Höhbeck
66
40
Pevestorf
Biosphärenreservat
Brünkendorf
Niedersächsische
Elbtalaue
Meetschower Hauptgraben
Gorlebener Bach
Meetschow
Laascher See
Laasche
Alte Ziegelei
Schwarzer See
Seege
Restorf
Pevestorfer Hauptgraben
Nördlicher Schaugraben
Siedlung Binnenfeld
40
Gartower See
Postbruch
92
90
Gartow
493
39

74-76
Burg, Rathaus, Stumpfer Turm
Lenzen (Elbe)
117
195
300
112
20
Löcknitz
18
Gandow
Naturpark Elbtalaue
39
32
26
NSG
Gadow
Lenzerslige
24
Lanz
Babekuhl
Gadower Forst
39
76
Funkübertragungsstelle
128
Höhbeck
Pevestorf
66
Wüstrow
NSG
Biosphärenreservat
305
Flusslandschaft
18
Löcknitz
Bernheide
195
NSG
Elbe-Brandenburg
20
Biosphärenreservat
Brünkendorf
Pevestorfer Hauptgraben
17
Elbe
Elberadweg
310
Jagel
Schmaldiemen
19
315
Laascher See
Nördlicher Schaugraben
Niedersächsische
Holtorfer See
Restorf
22
Grenzland-museum
Lütkenwisch
16,9
Elbe
Seege
Alte Ziegelei
Woodhenge
Siedlung Binnenfeld
Holtorf
Elberadweg
129
Schnackenburg
ACHTUNG, bitte Fährdienst prüfen
22
Cumlosen
Schwarzer See
Elbtalaue
NSG
113
NSG
20
Postbruch
Gartower See
Quarnstedt
Alandniederung/
17
NSG
92
Springstr.
Gartow
90
Hauptstr.
Zehntspeicher
493
Südlicher Schaugraben
493
Hahnenberger Str.
91
NSG
Kapern
Garbe
320

Wegbeschreibung

km 317

112 Ein Abstecher führt nach ***links*** nach Lenzen (**74** Burg Lenzen, **75** Rathaus, S. 84).

113 Sie passieren die Ortschaft Cumlosen und radeln weiter auf dem Elbdeich.

Gegenrichtung flussabwärts:

113 An Cumlosen vorbei auf dem Elbdeich. **112** Lenzen (**74**-**76** S. 84) lohnt einen Abstecher.

Elbhafen bei Lenzen

40
41
Müggendorf
325
Elbe
NSG
Biosphärenreservat
Wittenberge
Wahrenberg
(storchenreichstes Dorf in Sachsen-Anhalt)
ALTMK
Aland
189
195
96
Rathaus
Alte Burg
116
77-79
97-99
115
95
117
80
Uhrenturm
Nähmaschinenwerk
100
Stadtplan siehe S. 42
114
Elberadweg
330
NSG
Elbe
Flusslandschaft
118
101
Karthane
Garsedow
Elbdeich
335
Elbe-
Stepenitz
Bf
Weis
Brees
Eickerhöfe
Losen-rade
Geestgottberg
Scharpen-hufe
Deichvorland Schadebeuster
Zwischen-deich
Schade-beuster
Kopf-weiden
Fuchsberge
34
Hinzdorf
340
Bad Wilsnack
119
Scharleuk
Klein Lüben
120
Elbe-Brandenburg
Witten-berge
Rathaus
79
Steintor
78
77
Stadtmuseum Alte Burg
Paul-Lincke-Pl.
Kirch-platz
Bad Wilsnacker Str.
Elbstr.
Am Stern
Lenzener
Wahrenberger
Perleberger Straße
Rathausstr.
August-
Bahnstr.
98
99
97
95
115
116
100
0
150
300 m

Wegbeschreibung

km 332
114 Sie unterqueren die **Elbbrücke**, über die die *B 189* verläuft.
115 Sie passieren den **Sportboothafen** von Wittenberge.

Sightseeing per Velo Wittenberge

Der *Elbstraße* ***rechts*** folgen und sofort ***links*** in die Straße *„Hinter den Planken"* einbiegen. Am Ende nach ***links*** in die *Putlitzstraße* zum 77 **Stadtmuseum „Alte Burg"** (S. 85). Anschließend die *Putlitzstraße* zurück und nach ***links*** in die *Burgstraße* zum 78 **Steintor** (S. 85). Weiter durch die *Turmstraße* bis zum 116 Kreisverkehr *„Am Stern"* und dort ***halblinks*** in die *August-Bebel-Straße* zum 79 **Rathaus** (S. 85).

116 Die Elbstraße machte einen Linksbogen, hier ***rechts*** in die *Hafenstraße* und erneut ***rechts*** in die *Bad Wilsnacker Straße*.

Hier bietet sich ein Abstecher zum 80 **Uhrenturm Nähmaschinenwerk** (S. 86) an.

117 Unmittelbar hinter der **Bahnlinie** nach ***rechts***, über die Brücke über den Fluss Stepenitz und
118 dann nach ***links*** auf den **Elbdeich**.
339
119 In **Hinzdorf** an der T-Kreuzung links auf die *Dorfstraße* und an deren Ende nach ***rechts***.
120 An der **T-Kreuzung** ***rechts*** auf die *Kreisstraße 7005*, der Sie weiter folgen.
121 In **Bälow** folgen Sie nicht weiter der *K 7005*, sondern radeln ***geradeaus***. **Am Dorfende aufpassen!** Wo die Straße *„An der Gärtnerei"* nach ***links*** abknickt, geht es weiter ***geradeaus*** Richtung Elbdeich.
122 Sie fahren am 81 **Storchendorf Rühstädt** (S. 86) und fahren durch Felder und einem Waldstück wieder links auf den Elbdeich.

Gegenrichtung flussabwärts:
121 In **Bälow** weiter auf der *K 7005* und 120 ***links*** in die Straße *„Scharleuk"*. 119 In **Hinzdorf** ***links*** in die *Dorfstraße* und nach 90 Metern scharf nach ***rechts***. 118 Vor der **Brücke** nach ***rechts*** in Richtung Wittenberge. Am Ende 117 ***links*** in die *Bad Wilsnacker Straße*. An der Gabelung ***links*** in die **Zollstraße** und an der 116 **T-Kreuzung** ***links*** in die *Elbstraße*. Am Ortsende auf den Deich wechseln.

Wegbeschreibung

km 361

❿123 An der Gabelung ***rechts*** halten und auf dem Deichweg bleiben!

❿124 An der Straße scharf nach ***rechts*** abbiegen über den 82 Gnevsdorfer Vorfluter (S. 86) und nach 600 Metern nach ***links*** über die Havelmündung.

Gegenrichtung flussabwärts:
Hinter der Wehranlage Quitzöbel und dem 82 Gnevsdorfer Vorfluter (S. 86) 124 scharf nach ***links***.

Abstecher nach Havelberg (1 km), siehe Karte Seite 46
126 Vom Elberadweg kommend, nach ***links*** auf die *Elbstraße* und am Ende nach ***links*** über die *Genthiner Straße (B 107)* auf die Stadtinsel. Dem Hauptstraßenverlauf nach ***links*** in die *Uferstraße* folgen. Die Brücke über den Stadtgraben bietet ein schönes Panorama. Hinter der Brücke nach ***rechts*** in den *Prälatenweg* zum 83 Dom „St. Marien" und zum 84 Prignitz-Museum (S. 88). Zurück auf die Stadtinsel und ***halblinks*** in die *Steinstraße*. Im großen Bogen geht es an der Stadtkirche vorbei zur *Langen Straße*. Nach ***links*** über die *Genthiner Straße* die Stadtinsel wieder verlassen.

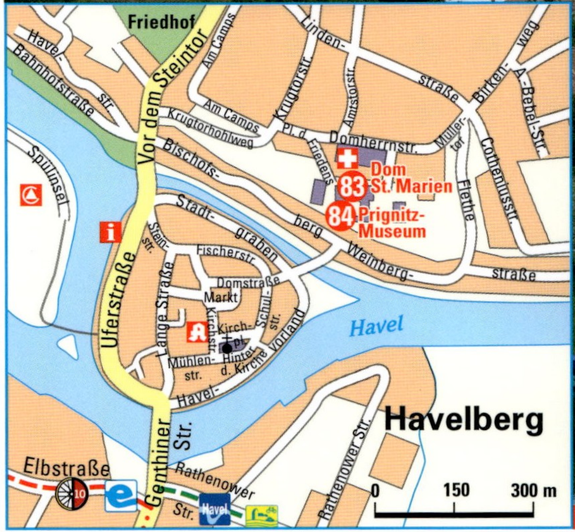

Havelberg

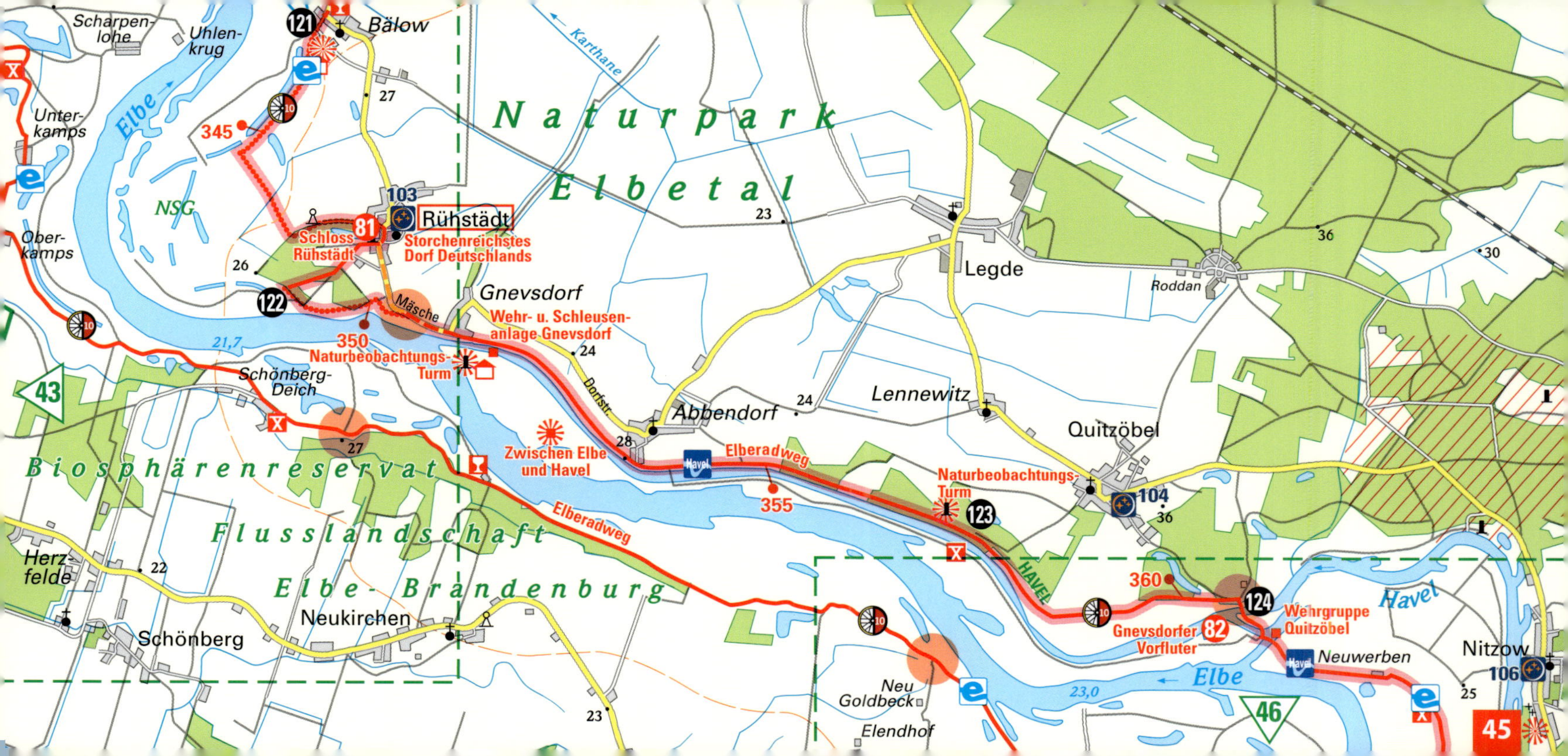
Naturpark Elbetal
Biosphärenreservat Flusslandschaft Elbe-Brandenburg
Bälow
Scharpenlohe
Uhlenkrug
Unterkamps
Oberkamps
Elbe
NSG
Karthane
Rühstädt
Schloss Rühstädt
Storchenreichstes Dorf Deutschlands
Gnevsdorf
Mäsche
Wehr- u. Schleusenanlage Gnevsdorf
Naturbeobachtungs-Turm
Schönberg-Deich
Dorfstr.
Abbendorf
Zwischen Elbe und Havel
Elberadweg
Legde
Roddan
Lennewitz
Quitzöbel
Havel
Herzfelde
Schönberg
Neukirchen
Neu Goldbeck
Elendhof
Wehrgruppe Quitzöbel
Gnevsdorfer Vorfluter
Neuwerben
Nitzow
21,7
23,0
345
350
355
360

Gegenrichtung flussabwärts:
132 An der **Gabelung** *links* halten. An der 131 **Kreuzung** nach *links* in die *Räbelsche Straße*. In 130 **Werben** nach *rechts* in die *Markstraße*, am Ende dem Knick nach *rechts* folgen und vorbei am 129 **Elbtor** auf den Deich. In 128 **Räbel** scharf nach *links* zur 127 **Fähre**. Vor Havelberg 126 nach *links* und den 125 **Kanal** überqueren.

Wegbeschreibung

km

125 Bei der **Schleuse Havelberg** geht es über den Elbe-Havel-Verbindungskanal.

369

126 Sie stoßen auf die *Elbstraße (L 2)*, dort biegen Sie ***rechts*** auf den **Altmarkrundkurs** ab. Hier verlassen Sie kurzzeitig den **Elberadweg**.

Abstecher nach Havelberg (1 km) siehe Seite 44

127 Sie überqueren mit der **Fähre** die Elbe nach Werben.

128 Scharf nach ***rechts*** auf den *Deichweg*.

129 Am **Ortsanfang** von 85 Werben (S. 88) weiter in Fahrtrichtung und vorbei am Elbtor. Dahinter ***halbrechts*** und nach 120 Metern ***links*** in die *Markstraße* – zurück auf den **Elberadweg**. Im Ort gibt es noch viel Kopfsteinpflaster.

378

130 Vor der **Kirche** ***links*** in die *Kirchstraße* und nach 50 Metern dem Hauptstraßenverlauf in die *Räbelsche Straße* folgen.

131 An der **Kreuzung** nach ***rechts*** auf den Radweg.

132 An der **Gabelung** vor dem Elbe-Altarm ***rechts*** halten.

Wegbeschreibung

km 386 390

133 Hinter dem Dörfchen Kannenberg verläuft der Radweg nach ***links*** und geht über einen Elbe-Altarm.

134 Nach 250 Metern folgen Sie den Radwegmarkierungen nach ***rechts***. Es geht im weiteren Teil über asphaltierte, teils über Schotterwege. In den Dörfern herrscht Kopfsteinpflaster vor.

135 An der Gabelung ***links*** halten und nach 200 Metern nach ***rechts*** abbiegen.

136 An der T-Kreuzung ***rechts*** auf die *Landstraße /L 9)* und unmittelbar danach ***links*** auf die *Dorfstraße*.

137 An der T-Kreuzung nach links.

138 An der Gabelung ***links*** halten.

139 **Achtung:** Nach ***rechts*** auf den Radweg lenken. Nach 800 Metern geht es nach ***links***.

140 ***Rechts*** in die *Kreisstraße* und nach 400 Metern an der Gabelung nach ***links***.

Gegenrichtung flussabwärts:

140 Nach ***links*** und nach 200 Metern nach ***rechts***. An der 139 **Kreisstraße** nach ***links***. An der Gabelung hinter Rosenhof ***links*** halten. In 137 Sandauerholz ***rechts*** in die *Dorfstraße*. Am Ende ***rechts*** auf die *L9* und 136 unmittelbar danach nach ***links***. An der T-Kreuzung nach ***links*** und 135 an der Gabelung ***rechts*** halten. An der 134 T-Kreuzung nach ***links*** und 133 vor dem Dorf Kannenberg ***rechts***.

Wegbeschreibung

141 In **Schwarzholz** ***links*** auf die *Dorfstraße*.

142 Nach ***rechts*** auf den Radweg und unmittelbar danach nach ***links***.

143 An der **Kreuzung** ***rechts*** auf den *Altenzauner Weg*.

144 Vor dem Dorf **Hohenberg-Krusemark** ***links*** halten auf die *Parkstraße*. Nach 400 Metern ***links*** auf die *Hohenberger Straße*.

145 An der **T-Kreuzung** ***links*** auf die *Hauptstraße*.

146 Am Ende des Dorfes **Groß-Ellingen** folgen Sie dem Hauptstraßenverlauf ***halblinks*** auf die *Arneburger Straße (L 16)*.

147 Sie überqueren die **Kreuzung** und radeln weiter in Richtung Arneburg.

Gegenrichtung flussabwärts:

147 Weiter auf der *L 16*, die Kreuzung überqueren. In **146** **Groß-Ellingen** auf der *L 16* bleiben. In Hohendorf-Krusemark am Ortseingang ***rechts*** auf die *Hauptstraße* und am **145** **Dorfende** ***halbrechts*** auf die *Hohenberger Straße*. An der nächsten Gabelung ***rechts*** auf die *Parkstraße* und den **144** *Altenzauner Weg*. Nach 600 Metern **143** nach ***links*** und an der **142** erneut nach ***links***. In **141** **Schwarzholz** ***rechts*** auf die *Dorfstraße*. An der T-Kreuzung ***rechts*** in die *Kreisstraße*.

Wegbeschreibung

km 415

148 An der **Gabelung** lenken Sie ***links*** in die *Elbstraße* und danach ***rechts*** in die *Tangermünder Straße*.

149 Sie passieren das Dorf **Storkau** (Elbe).

150 Am **Ortsende** von Storkau knickt die *Kreisstraße* nach ***rechts*** ab. Sie radeln hier weiter auf dem Elbdeich in Fahrtrichtung.

Gegenrichtung flussabwärts:

150 Am Ortsanfang von **Storkau** ***rechts*** auf die *K 1036* in Richtung Billberge und weiter dem Hauptstraßenverlauf folgen. In 148 **Arneburg** an der Gabelung ***links*** in die *Elbstraße* und über die Kreuzung hinweg in die *Bahnhofstraße* und weiter dem Hauptstraßenverlauf folgen.

Gegenrichtung flussabwärts: 164 An der **Gabelung** nach ***links*** durch den Wald. Am Ende nach ***links*** auf die *B 107* und 163 sofort ***rechts*** in *Am Friedhof.* 163 ***Rechts*** in die *Bahnhofstraße* und in **Mangelsdorf** 162 ***links*** über die *Dorfstraße* durchs Feld, in **Kabelitz** 161 ***links*** und am Ende 160 ***rechts*** auf die *B 107*. Die Auffahrt zur 159 **Brücke** in Richtung Tangermünde nehmen. 158 Nach Tangermünde hinein bis zum Neustädter Tor, dann zurück. 153 Vor der **Brücke** nach ***rechts*** auf den Deichweg. An der 152 **T-Kreuzung** nach ***rechts*** Richtung Hämerten. An der 151 **Gabelung** am Dorfende ***rechts*** in den *Storkauer Weg*.

Wegbeschreibung

km

151 Sie durchradeln das Dorf **Hämerten**. Am Dorfende knickt der Radweg nach ***rechts***.

152 Vor der *Kreisstraße (K 1036)* nach ***links*** auf den Elbdeich.

420

153 Sie unterqueren die **Elbbrücke**, über die die *B 188* verläuft. Nach 200 Metern nach ***rechts*** und nach weiteren 100 Metern ***links*** in die *Arneburger Straße (K 1036)*.

154 In Tangermünde halten Sie sich an der Gabelung ***links*** und radeln in die *Hünerdorfer Straße*.

Sightseeing per Velo – Tangermünde

155 Am 86 Hünerdorfer Tor (S. 89) fahren Sie ***rechts*** in die *Lange Straße*. Nach 500 Metern passieren Sie das 89 Rathaus (S. 90).

156 Am Neustädter Tor lenken Sie nach ***links*** und erneut ***links*** in die *Kirchstraße*.

157 Vor der 88 St. Stephanskirche (S. 90) nach ***links*** und dann nach ***rechts*** in die *Lange Straße*.

Sie radeln nun den **Elberadweg** zurück

427

158 bis zur **Elbbrücke**, nach *links* auf die Auffahrt zur Brücke und dann auf der *B 188* die Elbe überqueren.

159 Nach ***rechts*** auf die Ausfahrt und weiter ***rechts*** auf der *B 107* in Richtung Jerichow.

Wegbeschreibung

km

160 In **Fischbeck** ***links*** in die *Kabelitzer Straße*.

161 In **Kabelitz** ***rechts*** und durchs Feld nach **Mangelsdorf**.

438

162 An der Kirche rechts in die *Dorfstraße*. In **Jerichow** lohnt ein Besuch des 90 Klosters Jerichow (S. 91).

163 ***Links*** in die Straße *An der Mühle* und an der 91 Windmühle vorbei.

442

164 ***Links*** auf die *B 107* und sofort danach ***halbrechts*** auf den Radweg.

165 ***Rechts*** auf die *L 54*.

Wegbeschreibung

km 445 … 449

166 Sie passieren das Dörfchen **Klietznick**. Nach 500 Metern am Dorfende

167 nach ***rechts*** auf den **Radweg** und nach weiteren 200 Metern an der T-Kreuzung nach ***links***.

168 Nach links auf den **Elbdeich**.

169 Vor **Ferchland** stoßen Sie auf die *L 54* und radeln in den Ort.

170 An der **Gabelung** hinter der **92 Dorfkirche** (S. 91) ***rechts*** in die *Hauptstraße*. Sie bleiben damit auf der *L 54*.

Gegenrichtung flussabwärts:

Vor Ferchland macht die *L 54* an der **92 Dorfkirche** (S. 91) einen Rechts-Links-Knick. Am Ortsende **169** nach ***links*** auf den Deich. Nach 1,6 km **168** nach ***rechts*** in Richtung Klietznick. **167** Im Ort ***links*** auf die *L 54*.

Wegbeschreibung

km 455

171 In **Derben** an der Gabelung der *L 54* nach ***rechts*** und nach 200 Metern nach ***links*** folgen.

172 Sie überqueren den **Pareyer Verbindungskanal** und lenken ***rechts*** in die anfangs schlecht befahrbare *Schleusenstraße*. Weiter geradeaus erreichen Sie die **93** Pareyer Schleuse (S. 91).

173 Hinter der **Alten Elbe** auf den Radweg nach ***links***. An der **94** Paltrock-Windmühle vorbei zur Elbe und dort nach ***links***.

Abstecher nach Parey (1 km)

Ein Abstecher nach Parey lohnt für die Besichtigung der **94** Paltrockwindmühle und des **95** Ringofens (S. 91).

Abstecher Schloss Zerben (1 km)

Für einen **Abstecher** zum **96** Schloss Zerben (S. 92) nach ***links***. Nach 1,9 km am Ortsanfang von Zerben nach ***links*** in die *Kirchstraße* und weiter in die Straße *„Am Park"*.

Gegenrichtung flussabwärts:

173 Vor der **93** Pareyer Schleuse (S. 91) nach ***rechts*** in die *Schleusenstraße*. **172** Dann nach ***links*** über den Kanal auf die *L 54*. Diese macht in **171** **Derben** einen Rechts-Links-Knick.

Wegbeschreibung

km 470

174 Bei **Blumenthal** verlassen wir den Deich und biegen ***links*** in die Straße *Blumenthal* ab, die uns nach **Burg** führt.

Gegenrichtung flussabwärts:

174 Hinter **Blumenthal** nach ***rechts*** am Deich entlang.

Schleuse bei Niegripp

Wegbeschreibung

km

175 Vor dem **Elbe-Havel-Kanal** ***rechts***,

176 an der nächsten Querstraße ***rechts*** und in der Linkskurve erneut ***rechts***.

480

177 In **Schartau** geht die *Schartauer Hauptstraße* in den *Niegripper Weg* über. Gegenüber am anderen Elbufer sehen Sie 131 **Burg Rogätz** (S. 107).

178 An der **Gabelung** ***rechts*** halten.

179 Am **Kanal** nach ***links*** und nach 200 Metern nach ***rechts*** über die Kanalbrücke nach Niegripp in die Hauptstraße *(L 52)*.

485

180 In **Niegripp** an der Gabelung ***links*** halten und auf der Hauptstraße bleiben.

181 Nach ***rechts*** in die Straße *„Zum Deich"* und weiter auf den Deichweg.

Gegenrichtung flussabwärts:

181 In **Niegripp** auf die Hauptstraße. Hinter dem 179 **Kanal** nach ***links*** und nach 200 Metern nach ***rechts***. In Schartau an der 178 **Gabelung** ***links*** halten. An der Kreuzung 177 ***geradeaus*** weiter *(Schartauer Hauptstraße)*, vor dem 176 Kanal ***links***, 175 links in die *Blumenthaler Landstraße*.

Wegbeschreibung

km 489

182 Nach ***rechts*** auf die Straße *Neue Schleuse (L 52)* über die Schleuse Niegripp.

183 In die kleine **Straße** nach ***links***, nach 60 Metern in die Straße nach *rechts*, nach weiteren 60 Metern auf den Weg nach ***links*** und dann über die 97 Schleuse Hohenwarthe (S. 93). Hinter der Schleuse nach ***rechts*** radeln entlang des Mittellandkanals. Unmittelbar vor dem 98 Wasserstraßenkreuz Magdeburg (S. 93) nach ***links*** und dann ***rechts*** auf die *Wallstraße*. Am Ende ***rechts*** auf die *Elbstraße* und unter der Kanalbrücke nach ***links*** auf den Radweg entlang der Elbe.

184 Sie unterqueren die **Autobahn A 2**.

Gegenrichtung flussabwärts:
Vor dem 98 Wasserstraßenkreuz Magdeburg (S. 93)nach ***rechts***, über die 97 Schleuse Hohenwarthe (S. 93) und 182 Schleuse Niegripp.

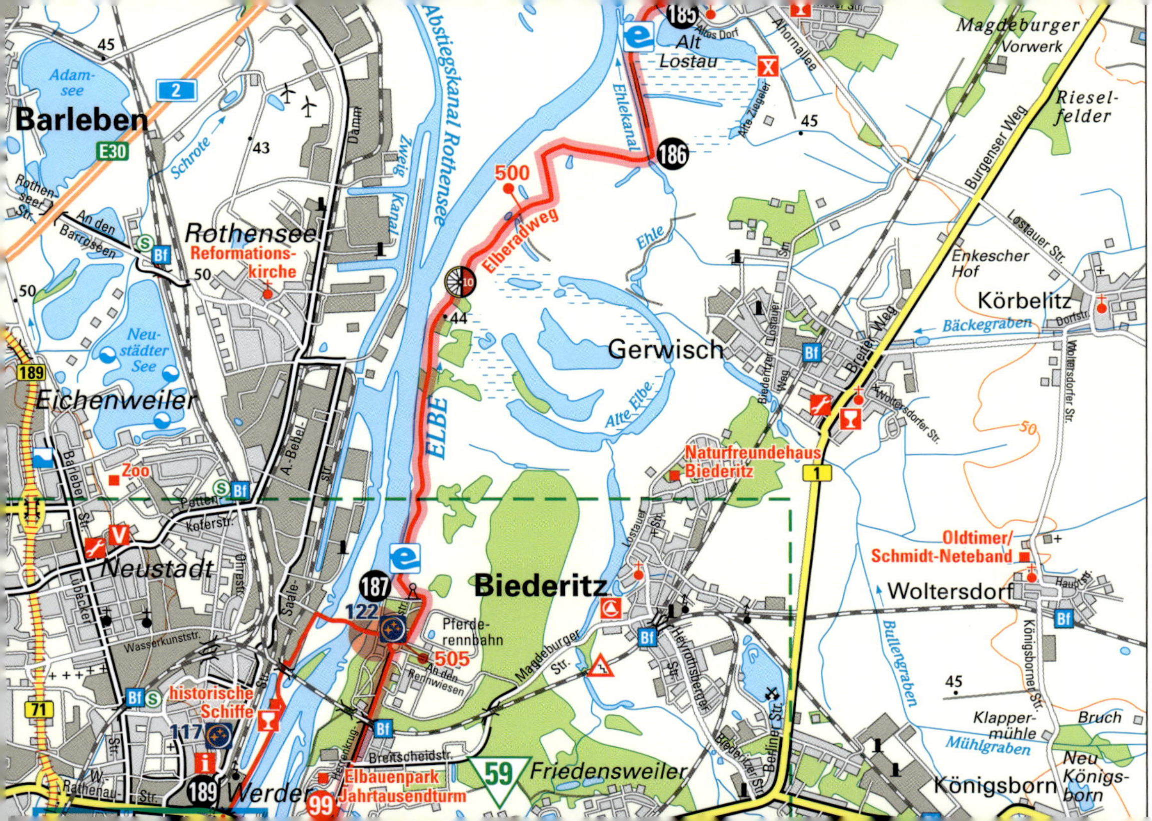

Wegbeschreibung

km 185 – 499

185 An der Kreuzung in Höhe von Lostau nach ***rechts*** abbiegen und

186 weiter ***rechts*** über die Brücke über den **Ehlekanal**.

Gegenrichtung flussabwärts:
186 Über die Brücke über den Ehlekanal, dann ***links***. In Höhe von **185** Lostau nach ***links*** auf den Deich.

Magdeburg

Magdeburger Landtag

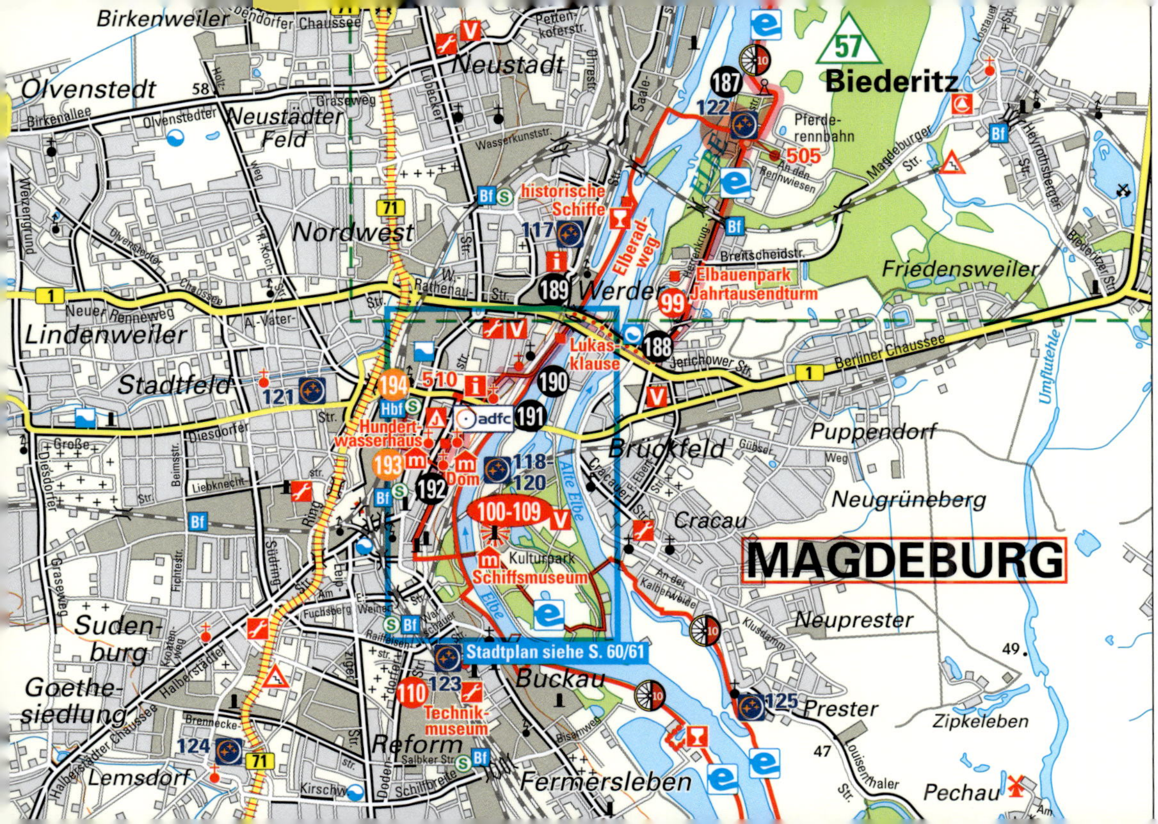

Wegbeschreibung

km

507

187 Vor dem **Herrenkrugpark** *links* halten, durch den **Park** hindurch am 99 **Elbauenpark** mit dem Jahrtausendturm entlang fahren.

188 Fahren Sie *rechts* über die **Brücke** und

189 am Ende im Rechtsbogen unter der **Brücke** hindurch fahren und am Wasser entlang Richtung **Altstadt**.

Gegenrichtung flussabwärts:

189 Unter der **Brücke** durchfahren und im *Linksbogen* Richtung Osten die Brücke überqueren. 188 Auf der anderen Elbseite hinter dem **Freizeitbad** *links* und durch den **Herrenkrugpark** fahren. Am Ende *links* und 187 wieder *rechts* Richtung Norden am Fluss entlang.

Wegbeschreibung

km

Sightseeing per Velo Magdeburg (S.94)

Auf einem **Schotterweg** vorbei an der 100 Schiffmühle und dem 101 Otto-von-Guericke-Museum (S.94).

190 Nach rechts auf der **Fußgängerbrücke** über die Straße *„Schleinufer"* hinweg. Sie verlassen den **Elberadweg.** Nach 300 Metern ***links*** in die *Jakobstraße*.

510

191 Die *Ernst-Reuter-Allee* überqueren, dann nach ***links*** und hinter dem Allee-Center ***rechts*** in die Straße *„Goldschmiedebrücke"* einbiegen. Nach 100 Metern ***links*** in die *Regierungsstraße* vorbei am 103 Kunstmuseum „Kloster Unser lieben Frauen" (S. 97).

Vor dem **Landtag** nach ***rechts*** auf den Domplatz und am Ende vor der 104 GRÜNEN ZITADELLE VON MAGDEBURG ***links*** in die *Kreuzgangstraße*, vorbei am 105 Dom (S. 97).

192 *Rechts* in die *Danzstraße*, die Hauptstraße *„Breiter Weg"* überqueren und später auf die *Otto-von Guericke-Straße* mit dem 106 Kulturhistorischen Museum und dem 107 Museum für Naturkunde (S. 98).

Wegbeschreibung

km **Für alle, die den Elberadweg weiter Richtung Dresden fahren wollen:** zurück zu 192.

Für alle, deren Radtour in Magdeburg endet:

193 ***Rechts*** in die *Bahnhofstraße*.

194 Sie haben Ihr Ziel, den **Hauptbahnhof** Hbf, erreicht.

Gegenrichtung flussabwärts:

194 Vom **Hauptbahnhof** Hbf ***rechts*** in die *Bahnhofstraße* und 193 ***links*** in die *Danzstraße*. Über die Hauptstraße *„Breiter Weg"*, dann 192 in die *Kreuzgangstraße* vorbei am 105 **Dom** (S. 97). Vor dem Einkaufszentrum ***rechts*** über die 191 *Ernst-Reuter-Allee* hinweg. In Höhe der *Julius-Bremer Straße* nach ***rechts*** auf den Radweg zur Elbe und am 190 **Elbufer** weiter flussabwärts vorbei an der 100 **Schiffmühle** und dem 101 **Otto-von-Guericke-Museum** (S. 94).

Sehenswürdigkeiten am

Elberadweg Nord

Cuxhaven

zu Kartenseite 6-7

Cuxhaven ist neben Bremerhaven der größte Fischereihafen in Deutschland. 1908 wurde er offiziell gegründet. Rund 1.000 Beschäftigte arbeiten heute in 35 Fischverarbeitungsbetrieben. Auf den Speisekarten der zahlreichen Fischrestaurants finden sich vor allem Krabben und kleine Garnelen (die meist mühsam von Hand gepult werden). Daneben zudem (sowohl frisch als auch geräuchert) die verschiedenen Fischarten, die in der Nordsee gefischt werden: Makrele, Kabeljau, Schellfisch, Wittling, Seelachs, Scholle, Seeteufel und Seezunge.

Die Wattflächen vor Cuxhaven gehören zum Nationalpark Hamburgisches Wattenmeer und zum Nationalpark Niedersächsisches Wattenmeer, die zum UNESCO-Weltnaturerbe zählen. Hier brüten vor allem Austernfischer, Rotschenke und Silbermöwen, aber auch Sandregenpfeifer und mehrere hundert Große Brachvögel.

1 Kugelbake

Das 30 Meter hohe hölzerne Seezeichen markiert die Grenze zwischen Elbe und Nordsee. Die Elbmündung hat hier eine Breite von etwa 18 Kilometern. Als Wahr-

Alte Liebe

zeichen Cuxhavens wird die Kugelbake auch im Wappen der Stadt geführt und nachts als Touristenattraktion angestrahlt.

❷ Fort Kugelbake

Die historische Marinefestung wurde ab 1869 – also vor dem deutsch-französischen Krieg 1870/71 – erbaut, um französischen Kriegsschiffen die Zufahrt in die Elbe zu versperren. Das Fort wurde bis 1911 weiter ausgebaut und verstärkt. In der Umgebung wurden in den letzten Jahren vor dem Ersten Weltkrieg sieben weitere Festungsanlagen errichtet.

❸ „Alte Liebe"

Die Aussichtsplattform im Hafen bildet zugleich die Begrenzung des Cuxhavener Hafens zur Elbe. Vom Anleger legen die Ausflugsschiffe in Richtung der Inseln Neuwerk und Helgoland sowie zu den Seehundsbänken ab.

Die Plattform wurde 1733 durch die Versenkung von drei ausgedienten Schiffen errichtet. Um die Schiffswracks wurden Pfähle in den Boden gerammt und die Zwischenräume mit Steinen ausgefüllt. 2005 wurde das Bauwerk auf einer Stahlbetonkonstruktion neu errichtet. Eine Galerie lädt zur Beobachtung des Schiffsverkehrs auf der Elbe ein. Per Lautsprecherdurchsage wird über die vorbeifahrenden Schiffe informiert.

❹ Windsemaphor

Das in unmittelbarer Nähe stehende technische Denkmal aus dem Jahr 1884 zeigt die Windrichtungen und -stärken auf den Inseln Borkum und Helgoland an.

❺ Feuerschiff Elbe 1

Das letzte Feuerschiff in der Elbmündung hat als maritimes Denkmal seinen endgültigen Liegeplatz an der Zollkaje erhalten.

❻ Fischereimuseum „Windstärke 10"

Im Mittelpunkt der Ausstellung stehen die Menschen und ihre Erlebnisse auf See. Was geschah mit Crew und Passagieren angesichts der nahen Katastrophe? Und wie war es, auf einem Fischdampfer zu leben und zu arbeiten? „Windstärke 10" steht für ein Museumserlebnis mit allen Sinnen.

Zahlreiche Filme und Hörstationen vermitteln unvergessliche Eindrücke zu Gefahren und Herausforderungen der Seefahrt.

Öffnungszeiten: April - Oktober tägl. 10-18 Uhr

7 Schloss Ritzebüttel

Das Schloss, das in seinen ältesten Teilen aus dem 14. Jahrhundert stammt, wurde im Stil der Norddeutschen Backsteingotik errichtet. Es diente einst als Wohnsitz der Hamburger Amtmänner, als Ritzebüttel zu Hamburg gehörte. Ritzebüttel war für Hamburg bedeutsam, da von dort aus eine Kontrolle der Unterelbe möglich war. Die Amtmänner residierten über 500 Jahre in Schloss Ritzebüttel. Erst 1937 wurde Cuxhaven im Zuge des Groß-Hamburg-Gesetzes an Preußen getauscht und das Schloss verlor seine politische Bedeutung.

Schloss Ritzebüttel, Schlossgarten 8, 27472 Cuxhaven, Öffnungszeiten: Dienstag, Mittwoch und Sonntag von 11 bis 15 Uhr

8 St.-Nicolai-Kirche, Altenbruch

Die romanische Feldsteinkirche mit ihren Doppeltürmen stammt aus dem 13. Jahrhundert. 1727 wurde die Kirche als Backsteinrohbau erneuert. Kunsthistorisch bedeutend sind die gotischen Altarschreine aus dem 15. Jahrhundert. Die Kirche birgt eine über 500 Jahre alte Orgel, eine der ältesten Europas. Ihre Ursprünge gehen auf die Jahre 1497/98 zurück.

Dicke Berta

9 Leuchtturm „Dicke Berta"

1897 wurde der Altenbrucher Leuchtturm in Betrieb genommen, der im Volksmund den Namen „Dicke Berta" erhielt. Zuvor hatte über Jahrhunderte die Altenbrucher Kirche mit ihren beiden Türmen als Seezeichen gedient. Nach Veränderungen in der Fahrrinne wurde der Leuchtturm zwischen 1915 und 1918 um einige Meter versetzt und erhielt sein heutiges Aussehen. Am 1. März 1983 wurde die „Dicke Berta" außer Dienst gestellt. Es war der letzte Leuchtturm im Zuständigkeitsbereich des Wasser- und Schifffahrtsamtes Cuxhaven, der bis dahin noch täglich mit einem Wärter besetzt war.

10 Grünstrand Altenbruch

Vom Strandkorb am grünen Strand aus lassen sich die Schiffe beobachten. Ein Bojenbad lädt zur Erfrischung ein.

Otterndorf

zu Kartenseite 9

11 Hadelner Kanalschleuse

Die Schleuse in Otterndorf wurde 1854 als Abschlussbauwerk des Hadelner Kanals in Betrieb genommen, der das Sietland entwässert. 1957 wurde sie modernisiert und zum Kanal hin mit einem Schleusenbecken und einem Hubtor vergrößert, um dem zunehmenden Schiffsverkehr gerecht zu werden. Nach der Deicherhöhung 1985 traten Risse im Tunnelgewölbe auf. Daher wurde die alte Schleuse ab Februar 2019 abgerissen und durch einen Neubau aus Stahlbeton mit drei Schleusentoren ersetzt.

12 Altstadt

Otterndorf lohnt einen Abstecher vom Elberadweg. Zahlreiche historische Gebäude prägen die Altstadt, darunter das 1583 erbaute Rathaus mit dem modernen Otterbrunnen, die um 1614 errichtete Lateinschule, das gelbe Barockgiebelhaus, in dem bis 1768 der Gerichtsdirektor wohnte, und das Torhaus als Teil der alten Burganlage. Darüber hinaus gibt es viele ehemalige Speicherhäuser mit Kränen im Dachfirst, die heute als Wohn- und Geschäftshäuser genutzt werden. Eine Bronzeplastik zeigt den „Utröper“ (Ausrufer), der einst

Otterndorf

Nachrichten und Beschlüsse der Obrigkeit bekannt machte oder auch die Waren der Geschäfte anpries.

13 Kranichhaus

Das bemerkenswerteste Gebäude steht in der Marktstraße 2. Die barocke Fassade des 1585 errichteten Vorhauses erinnert an Ziegelbauten in Hamburg. Um 1735 wurde an das Vorderhaus der mächtige fünfgeschossige Speicher angebaut.

Heute ist im Kranichhaus das „Museum des alten Landes Hadeln“ untergebracht. Gezeigt wird das Leben auf dem Lande und bürgerliche Wohnkultur aus der Zeit bis 1850. Einen Schwerpunkt bildet die Sammlung Otterndorfer Silbers.

Museum des alten Landes Hadeln, Marktstraße 2, Öffnungszeiten: Mi-Fr 10-12, 15-17 Uhr, Sa./So. 15-17 Uhr

14 Museum gegenstandsfreier Kunst

Das Museum sammelt seit 1974 internationale „Kunst nach 1945“, ursprünglich überwiegend konkret/konstruktivistische Arbeiten und Werke des Informel. Seit 1999 öffnet sich das Museum allen gegenstandsfreien Richtungen der modernen Kunst mit dem Ziel einer zeitgemäßen Profilierung der Sammlung.

Museum gegenstandsfreier Kunst, Marktstraße 10, Öffnungszeiten: Di-Fr 10-13 u. 15-18 Uhr, Sa-So 15-18 Uhr

15 Puppenstube

Das private Museum präsentiert etwa 1.300 Puppen von 1890 bis heute. Darüber hinaus werden auch Plüschtiere, Puppenwagen und -wiegen, Kaufmannsläden und Puppenhäuser gezeigt.
Puppenstube, Marktstraße 12,
Öffnungszeiten: Mi, Do, Fr u. So 14.30 -17 Uhr

Neuhaus (Oste) zu Kartenseite 9/11

16 Heimatmuseum im Historischen Kornspeicher

Das kleine Museum bietet einen Einblick in die Geschichte des Ortes und die Lebensbedingungen seiner Menschen bis in die Gegenwart. Eine Buddelschiffsammlung ist Bestandteil des Museums.
Heimatmuseum, Schleusenplatz 1a,
Öffnungszeiten: Mi 14 - 17 Uhr

Balje zu Kartenseite 11

17 Natureum Niederelbe

Das Freiluftmuseum erstreckt sich auf einer durch den Bau des Ostesperrwerks entstandenen Insel. Auf dem 100.000 Quadratmeter großen Freigelände wird die

Neuhaus, Natureum

Geschichte des Siedlungsgebietes an der Mündung der Oste in die Unterelbe dargestellt. Naturlehrpfade führen zu mehreren Biotopen, in denen das Leben von Pflanzen und Tieren der Region dokumentiert wird. Der Fischkutter „Erna Becker" aus dem Jahre 1892 und eine Vogelbeobachtungsstation komplettieren das Angebot. Im Museumsbau erläutern Dauer- und Wechselausstellungen verschiedene Aspekte wie das Problem von Sturmfluten.
Natureum Niederelbe, Neuenhof 8,
Öffnungszeiten: Di-So 10-17 Uhr,
Juli - August auch Montag geöffnet

18 Ostesperrwerk

Das Sperrwerk, schützt den Elbe-Nebenfluss Oste vor Sturmfluten. Es wurde nach der schweren Sturmflut von 1962 geplant, bei der 19 km des Ostedeichs beschädigt wurden. Bereits zwei Jahre später wurde mit dem Bau begonnen. Durch das Ostesperrwerk verkürzt sich die Deichlinie der Elbe bei einer Sturmflut um 135 Kilometer.

Wischhafen zu Kartenseite 13

19 Kehdinger Küstenschiffahrts-Museum

Das Museum dokumentiert die Geschichte der Küstenschifffahrt. Die Bauweise und technische Entwicklung der Schiffe werden ebenso anschaulich dargestellt wie das Leben an Bord. Die Küstenschifffahrt war die Lebensader der ganzen Region der Unterelbe. Der erhalten gebliebene alte Sielhafen mit dem Museumsschiff, dem ehemaligen Küstenmotorschiff „Iris-Jörg", bilden ein authentisches Ensemble ländlicher Küstenschifffahrt.
Kehdinger Küstenschiffahrts-Museum, Unterm Deich 7,
Öffnungszeiten: Sa, So u. Feiertage 10-12 u. 13-18 Uhr,
1.6.-30.9. Di-So

Drochtersen .... zu Kartenseite 15

20 Heimatstube Assel

Das kleine Museum bietet eine komplette Schuhmacherwerkstatt sowie Erzeugnisse der ehemaligen Asseler „Chemisch-Technische-Produkte" Fabrik Tripmacker, die Bohnerwachs, Schuhcreme, Melkfett und Baumwachs herstellte.

Emaillierte Reklameschilder, Uhren, Gemälde, Schiffsmodelle, Waagen, Bienenkörbe, Trachten, Wappen, Orden und andere Exponate ergänzen die Ausstellung.

Heimatstube Assel, Asseler Straße 42, 21706 Drochtersen, Öffnungszeiten: April -Oktober, 1. u. 3. So 14-17 Uhr

Stade .... zu Kartenseite 17

21 Festung Grauerort

Die Festung Grauerort wurde in den Jahren 1869 bis 1879 von den Preußen zum Schutz vor feindlichen Schiffen auf der Elbe in der Nähe der Ortschaft Abbenfleth errichtet. Man nutzte die hohe Altmarsch nahe des Fahrwassers der Elbe aus, um in der Zeit, in der die Spannungen mit Frankreich zunahmen, schnell einen wirksamen Schutz des Hamburger Hafens zu haben.

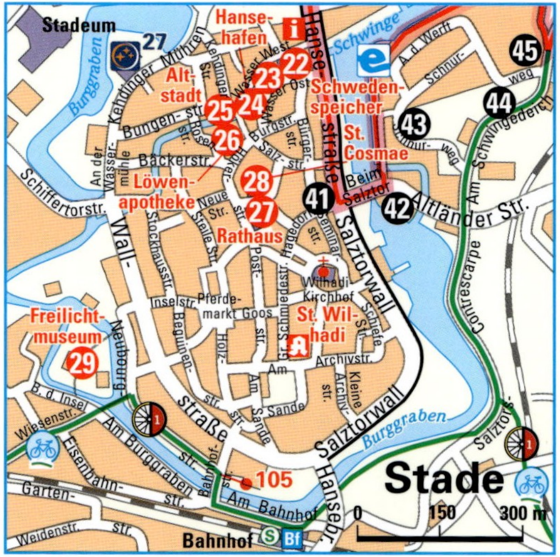

Bereits im deutsch-französischen Krieg 1870/71 war die Festung einsatzbereit. Die Festung wurde jedoch nie in Kampfhandlungen verwickelt.

Festung Grauerort, Schanzenstraße 13, 21683 Stade, Öffnungszeiten: Apr-Okt, Sonn- und Feiertags 10.30-17.30 Uhr

Sightseeing per Velo – Stade .... zu Kartenseite 17

22 Schwedenspeicher

Das barocke Backsteingebäude aus der zweiten Hälfte des 17. Jahrhunderts wurde während der insgesamt 67 Jahre dauernden Besetzung der Stadt durch Schweden als Proviantlager genutzt. 1909 übernahm die Stadt Stade den Speicher und verpachtete ihn an Frachtschiffer. Mit dem Niedergang der Frachtschifffahrt in den 1960er Jahren drohte er zu verfallen.

Seit 1977 dient es als Regionalmuseum und dokumentiert über 10.000 Jahre Geschichte. 2013 wurde das Museum wegen Sanierungsmaßnahmen geschlossen.

Schwedenspeicher-Museum, Wasser West 39, Öffnungszeiten: Di-Fr 10-17 Uhr, Sa, So 10-18 Uhr

23 Bürgermeister-Hintze-Haus

An der Fußgängerzone Wasser West beeindruckt vor allem das Bürgermeister-Hintze-Haus mit seiner Renaissance-Fassade.

24 Hansehafen

Der Hafen aus dem 11. Jahrhundert war einst das wirt-

In Stades historischer Altstadt

schaftliche Herz der Hansestadt. Am Standort des ehemaligen Stader Salzkrans von 1651 wurde 1977 ein Tretkran aufgestellt.

25 Altstadt

Malerische Fachwerkhäuser prägen die von einem Graben umflossene Altstadt. Die meisten dieser Häuser stammen aus dem 17. Jahrhundert, einige auch aus der Zeit vor dem Stadtbrand von 1659.

26 Löwenapotheke

Die historische Löwenapotheke (Hökerstraße 37) verfügt noch über eine Offizineinrichtung aus Mahagoni von 1867. Das Kaufmannstreppenhaus im Hausinneren gilt als typisches Beispiel für eine Diele in einem mittelalterlichen Gildehaus.

27 Altes Rathaus

Auf dem Ratskeller-Gewölbe des beim Brand zerstörten Rathauses wurde 1667 das so genannte Alte Rathaus errichtet. Der Ratskeller wurde bereits 1305 im ersten Stader Stadtbuch als Weinkeller und Schänke erwähnt, er ist einer der ältesten Ratskeller Deutschlands.

28 Cosmae-Kirche

St. Cosmae mit dem weithin sichtbaren achteckigen Turm mit barocker Haube wurde ursprünglich im 13. Jahrhundert im Stil der Backsteingotik erbaut, später vor allem im 17. Jahrhundert erweitert und umgebaut. Zur sehenswerten Innenausstattung gehört ein figurenreicher Barockaltar von Christian Precht (1674-77) und ein mittelalterlicher Flügelaltar in der Gertrudenkapelle. Die große Orgel von 1668/75 ist ein Werk von Berendt Hus, einem Onkel des berühmten Orgelbauers Arp Schnitger.

29 Freilichtmuseum auf der Insel

Zum Freilichtmuseum auf dem 1692 errichteten Bleicher-Ravelin gehört ein Altländer Bauernhaus von 1733 mit einem reich verzierten, dreimal vorgekragten Giebel mit Buntsteinmauerwerk. Es besitzt noch die ursprüngliche Raumaufteilung und einen Großteil der Einrichtung. Sehenswert sind ebenfalls eine Bockwindmühle von 1632 und eine typische Altländer Prunkpforte aus Twielenfleth von 1791.
Freilichtmuseum, Auf der Insel 2,
Öffnungszeiten: Mai-Sept. Di-Fr, 10-17 Uhr, So 10-18 Uhr

30 AKW Stade

Das Atomkraftwerk Stade wurde von 1972 bis 2003 in Stadersand nahe der Schwingemündung an der Elbe betrieben. Es war das erste nach dem Atomausstieg stillgelegte Kernkraftwerk Deutschlands und befindet sich zurzeit im Rückbau.

31 Mühle Aurora

Die Windmühle in Borstel, einem Ortsteil von Jork, ist ein Galerieholländer, der 1856 erbaut wurde. Bis 1961 wurde Mehl gemahlen, nach dem Zweiten Weltkrieg allerdings nur noch mit Motorkraft. 1984 wurde die Mühle durch den Landkreis Stade umfassend restauriert. Bereits im 17. Jahrhundert gab es an diesem Standort nachweislich Bockwindmühlen. Ihren Namen als Mühle „Aurora" bekam sie zu Ehren von Aurora, Gräfin von Königsmarck, die 1662 in Stade geboren wurde. Sie war eine Enkelin des ersten schwedischen Generalgouverneurs in Stade, eine Geliebte Augusts des Starken und später Pröpstin des Stiftes Quedlinburg.

32 Jork

zu Kartenseite 21

Die Gemeinde Jork ist das Zentrum des Alten Landes, eines der größten Obstanbaugebiete Europas. In Jork wie im gesamten Alten Land gibt es noch zahlreiche gut erhaltene alte Fachwerkhöfe mit Altländer Prunkpforten. Die Geschichte des Gräfenhofes, des heutigen Rathauses von Jork, kann bis ins 12. Jahrhundert zurückverfolgt werden.

33 Klappbrücke Hove

Die ehemalige Drehbrücke wurde im September 1994 abgerissen und es entstand nach 27 Monaten Bauzeit für 10 Millionen Mark eine neue Klappbrücke. Heute fahren rund 8000 Pkw und Lkw über die Klappbrücke Hove in Jork-Hove.

Sightseeing per Velo – Hamburg zu Kartenseite 23/25

Die Freie und Hansestadt Hamburg ist mit über 1,7 Millionen Einwohnern die zweitgrößte Stadt Deutschlands und die neuntgrößte der Europäischen Union. Der Hamburger Hafen ist der größte Seehafen Deutschlands und zählt zu den zwanzig größten Containerhäfen weltweit. Der Elberadweg verläuft im Stadtzentrum fast ausschließlich mit Blick auf die Elbe.

34 Museumshafen Oevelgönne

Im Museumshafen Oevelgönne liegen Museums- und Traditionsschiffe sowie historische Boote. Die Schiffe können zum Teil besichtigt werden. Allerdings sind nicht jederzeit alle Fahrzeuge an ihrem Liegeplatz anzutreffen. Zu den bedeutendsten Schiffen gehört das Feuerschiff Elbe 3 aus dem Jahre 1888, das zuerst als Leuchtschiff Weser und zuletzt nordwestlich Cuxhavens in der Deutschen Bucht im Einsatz war. 1977 wurde es außer Dienst gestellt.

Museumshafen Oevelgönne, Neumühlen 1

Hamburger Fischmarkt

35 Altonaer Fischmarkt

Ursprünglich diente der Markt zur Versorgung der Bürger mit frischem Fisch. Doch schon seit dem frühen 18. Jahrhundert wurden hier auch Obst, Gemüse und Pflanzen verkauft. Der Fischmarkt mit Verkaufsständen unter freiem Himmel lockt jeden Sonntag zwischen 5 und 9:30 Uhr rund 70.000 Besucher an. In der Markthalle wird zu Live-Musik getanzt.

36 U-Boot-Museum Hamburg

Als Museumsschiff liegt das 1976 gebaute ehemalige sowjetische Unterseeboot U-434 vor Anker. Es gehörte bis 2002 zur sowjetischen Nordmeerflotte und wurde überwiegend für Spionageeinsätze genutzt. Das Boot konnte bis zu 400 Metern Tiefe tauchen.

HAMBURG
Außenalster
Binnenalster
44
Alter Botanischer Garten
Kl. Wall-anlagen
Große Wall-anlagen
Millerntor-Stadion
38 Staatsoper
Laeiszhalle
Kunsthalle
Museum für Hamburgische Geschichte
Museum für Kunstgewerbe
Hbf
adfc
43 Rathaus
Rathausmarktplatz
38 Michaeliskirche
47 Chilehaus
48 Deichtorhallen
49 SPIEGEL-Haus
45 Deutsches Zollmuseum
46 Internat. Maritimes Mus.
41/42
39 40
Miniatur Wunderland
Hamburg Dungeon
Speicherstadtmuseum
Spicy's Gewürzmuseum
Elbphilharmonie
35 Fischmarkt
36 U-Boot-Museum
37 Landungsbrücken
Bernh.-Nocht-Inst.
Alter Elbpark
Deichstraße
65
66
67
68
69
150
Norderelbe
Oberhafen
Binnenhafen
Sandtorhafen
Zollkanal
Nikolaifleet
Bleichenfleet
Alsterfleet
Stresemannstraße
Budapester Straße
Neuer Kamp
Feldstraße
Glacischaussee
Holstenwall
Millerntordamm
Ludwig-Erhard-Str.
Willy-Brandt-Straße
Simon-von-Utrecht-Straße
Reeperstraße
St. Pauli Hafenstraße
St. Pauli Fischmarkt
Johannisbollwerk
Vorsetzen
Baumwall
Kajen
Bei d. Mühren
Dovenfleet
Amsinckstraße
Högerdamm
Steinstraße
Mönckebergstr.
Domstraße
Jungfernstieg
Neuer Jungfernstieg
Esplanade
Gorch-Fock-Wall
Lombardsbrücke
Kennedybrücke
Glockengießerwall
Steintorwall
Klosterwall
Adenauerallee
Kurt-Schumacher-Allee
Steindamm
Spaldingstraße
Nordkanalstraße
Oberbaumbrücke
Brooktorkai
Shanghaiallee
Sandtorkai
Kaiserkai
Überseeallee
Versmannstraße
Stadtdeich
Kaiser-Wilhelm-Straße
Helgoländer Allee
Holstenstraße
Pepermölenbek
0 200 400 m

37 St. Pauli Landungsbrücken

Hier ist der zentral gelegene Verkehrsknotenpunkt von S-Bahn, U-Bahn und Schiffen im Hamburger Hafen. Am westlichen Ende befindet sich der nördliche Eingang zum Alten Elbtunnel. Der Pegelturm informiert über den aktuellen Stand der Gezeiten und ist zugleich auch Uhr- und Glockenturm.

Ein erster Schiffsanleger wurde hier 1839 errichtet. Der heutige aus schwimmenden Pontons, die über bewegliche Brücken vom Festland aus zugänglich sind, stammt von 1907. Das zugehörige Abfertigungsgebäude wurde zeitgleich aus Tuffstein als ein repräsentativer Schiffsbahnhof errichtet. Seit 2003 steht es unter Denkmalschutz.

38 Sankt Michaelis, genannt „Michel"

Die evangelische Hauptkirche Sankt Michaelis, genannt „Michel", ist ein Wahrzeichen der Hansestadt. Sie gilt als bedeutendste Barockkirche Norddeutschlands und ist dem Erzengel Michael geweiht, der als große Bronzestatue über dem Hauptportal steht. Ein erster Bau wurde zwischen 1647 bis 1669 errichtet und 1750 durch Blitzschlag vernichtet. Der Wiederaufbau wurde erst 1786 abgeschlossen.1906 brannte die Kirche bis auf die Grundmauern ab. Nach sechsjährigen Bauarbeiten wurde der Michel 1912 wiedereröffnet. Der Kirchenraum bildet einen kreuzförmigen Grundriss mit der marmornen Kanzel als Zentrum.

Landungsbrücken mit St. Michaelis

Elbphilharmonie

Bereits vom weiten kann man die atemberaubende Ausstrahlung der Elbphilharmonie spüren.
Viele Fragen verbergen sich hinter dem 2016 fertig gestellten neuen Wahrzeichen Hamburgs - der Elbphilharmonie. Von der – vielleicht – zu perfekten Akustik bis hin zu einem einzigartigen Ausblick. Aus welchen speziellen Materialien besteht die „Elphi", wie konnte es zu den Bauverzögerungen kommen, was kostet eine Übernachtung und wer lebt in der Elbphilharmonie? Dies und vieles mehr erklärt ein professioneller Stadtführer.
Elbphilharmonie, Platz der Deutschen Einheit 1, Treffpunkt der Führung an der U-Bahnstation Baumwall

39 Speicherstadtmuseum

Das Museum dokumentiert die Geschichte der historischen Speicherstadt. Es befindet sich im Speicherblock L aus dem Jahre 1888, der im Stil der Neogotik errichtet wurde. Hier blieb noch die originale genietete Skelettkonstruktion aus Schmiedeeisen erhalten. Mit historischen Fotos und Plänen wird der ursprüngliche Zustand der Speicherstadt dokumentiert, die von 1885

Miniatur Wunderland

bis 1927 in drei Bauabschnitten errichtet und im Zweiten Weltkrieg schwer beschädigt wurde.
Speicherstadtmuseum, Am Sandtorkai 36, Öffnungszeiten: Mo-Fr 10-17 Uhr, Sa, So 10-18 Uhr

40 Spicy's Gewürzmuseum

Auf 350 Quadratmetern stellt das private Museum das Thema Gewürze unter unterschiedlichen Aspekten dar. Besucher können über 50 Gewürze anfassen, riechen und probieren. Über 900 Ausstellungs-Stücke aus fünf Jahrhunderten zeigen Anbau, Ernte, Verarbeitung, Transport, Anwendung und Wirkung von Gewürzen.
Spicy's Gewürzmuseum, Am Sandtorkai 34, Öffnungszeiten: täglich 10-17 Uhr

41 Miniatur Wunderland

Die größte Modelleisenbahnanlage der Welt zeigt auf 1.300 Quadratmetern 13 Kilometer Gleise im Maßstab 1:87 (Nenngröße H0), auf denen 930 digital gesteuerte Züge verkehren.
Miniatur Wunderland Hamburg, Kehrwieder 2,
Öffnungszeiten: 9-18 Uhr

42 Hamburg Dungeon

In einer Kombination von Gruselkabinett, Show und Fahrgeschäften wird die Geschichte Hamburgs von Schauspielern dargestellt.
Hamburg Dungeon, Kehrwieder 2, Öffnungszeiten: 10-17 Uhr

43 Rathaus

Das Hamburger Rathaus ist der Sitz der Bürgerschaft und des Senats der Freien und Hansestadt Hamburg. Die Bauzeit betrug von den ersten Entwürfen bis zur Fertigstellung 1897 43 Jahre. Das Fundament wurde auf mehr als 4.000 Eichenpfählen gegründet.

Das Rathaus ist eines der wenigen erhaltenen Beispiele der Architektur des Historismus in Deutschland. Der dreiflügelige Granit- und Sandsteinbau mit Kupferdach wird von einem 112 Meter hohen Mittelturm überragt. Die Fassade zeigt italienische und norddeutsche Renaissance-Elemente. Zwischen den Fensternischen auf der Rathausmarktseite stehen zwanzig Könige und Kaiser des deutschen Reiches, von Karl dem Großen bis Franz II.

44 Binnenalster

Die Binnenalster ist der kleinere, südliche Teil des Alstersees. Die Büro- und Geschäftshäuser rund um die Binnenalster sind geprägt von weißen Fassaden und kupfergedeckten Dächern. Zu den bedeutendsten zählen der Firmensitz der Hapag-Lloyd AG, das Hotel Vier Jahreszeiten, das Kaufhaus Alsterhaus sowie der Alsterpavillon. Am Südwestufer, dem Jungfernstieg, befindet sich die Hauptanlegestelle für die Ausflugsschiffe, die die Alster mit ihren Kanälen sowie die Hamburger Fleete befahren. Von der Lombardsbrücke bietet sich ein Blick auf das Panorama der Türme der fünf Hamburger Hauptkirchen (Michel, St. Nikolai, St. Petri, St. Katharinen und St. Jacobi) und des Rathauses.

45 Deutsches Zollmuseum

Das Deutsche Zollmuseum wurde 1992 in einem ehemaligen Zollamt in Hamburgs historischer Speicherstadt eröffnet. Im Obergeschoss des Ausstellungsgebäudes wird Zollgeschichte von den Römischen Provinzen bis zur Bundeszollverwaltung und Zollverwaltung der DDR anhand zahlreicher Exponate aus dem Mittelalter, der Zeit der deutschen Kleinstaaten, der Gründungszeit des deutschen Zollvereins und des Deutschen Reiches, der Weimarer Republik, des Dritten Reiches und der deutschen Teilung präsentiert.

Im Erdgeschoss werden die aktuellen Aufgabenbereiche und Themen dargestellt: der „grenzenlose" Zoll in der Europäischen Union, Welthandel, Produktpiraterie, Artenschutz, Waffen und Rauschgifte sowie verschiedene Verbrauchssteuern. Gezeigt werden auch beschlagnahmte Gegenstände und Schmuggelverstecke.

Deutsches Zollmuseum, Alter Wandrahm 16,
Öffnungszeiten: Di-So 10-17 Uhr

46 Internationales Maritimes Museum

Das Museum wurde im historischen Kaispeicher B eingerichtet, der in den Jahren 1878/79 im Stil der Backsteingotik errichtet wurde und das älteste erhaltene Speicherbauwerk Hamburgs ist.

Auf mehr als 12.000 Quadratmeter Ausstellungsfläche werden die Bestände des ehemaligen Instituts für Schifffahrts- und Marinegeschichte gezeigt, eine umfangreiche Sammlung von über 40.000 Einzelstücken, darunter Schiffsmodelle, Schiffsminiaturen, Konstruktionspläne, Gemälde, Aquarelle, Grafiken, Uniformen und Waffen. Die Sammlung historischer Marineuniformen und -auszeichnungen gilt als die bedeutsamste weltweit.

Zu den Exponaten gehört das 7,50 Meter lange Holzschiff James Caird II, ein Nachbau eines rund hundert Jahre alten Walfängers, der als Rettungsboot der Endurance eingesetzt wurde und mit dem Sir Ernest

Shackleton die historische Rettungsaktion der Endurance-Expedition durchführte.
Internationales Maritimes Museum Hamburg, Kaispeicher B, Koreastraße 1, Öffnungszeiten: täglich 10-18 Uhr

47 Chilehaus

Das zwischen 1922 und 1924 erbaute Haus im Hamburger Kontorhausviertel mit seiner an einen Schiffsbug erinnernden Spitze nach Osten war beispielgebend für den Backsteinexpressionismus der 1920er Jahre, der sowohl von der traditionellen Backsteingotik als auch vom Expressionismus inspiriert war. Mit seinen bis zu zehn Stockwerken auf einer Grundfläche von 5.950 Quadratmetern war das Chilehaus eines der ersten Hamburger Hochhäuser. Heute ist es zu einer Ikone des Expressionismus in der Architektur geworden.

48 Deichtorhallen

Die beiden historischen Hallen mit ihrer offenen Stahlglasarchitektur wurden zwischen 1911 und 1914 als Markthallen auf dem Gelände des ehemaligen Berliner Bahnhofs errichtet. Sie gehören zu den wenigen erhaltenen Beispiele der Industriearchitektur in der Übergangsperiode vom Jugendstil zu den Ausdrucksformen des 20. Jahrhunderts.

Chilehaus

Heute zählen die Deichtorhallen in Hamburg zu den großen Ausstellungshäusern für zeitgenössische Kunst und Fotografie in Europa. In der nördlichen Deichtorhalle werden künstlerische Positionen der Gegenwart vorgestellt. Einzelausstellungen von Malern, Bildhauern und Designern mit internationalem Ruf stehen dabei im Vordergrund.

Die südliche Deichtorhalle birgt als „Haus der Photographie" zwei große fotografische Sammlungen: die Sammlung F. C. Gundlach, sowie das Bildarchiv des Nachrichtenmagazins Der Spiegel. Gezeigt werden überdies internationale Wechselausstellungen zur Fotografie.

49 SPIEGEL-Haus

Das neue SPIEGEL-Haus auf der Ericusspitze bietet mit 30.000 Quadratmetern Fläche auf 13 Stockwerken Platz für mehr als 1.100 Mitarbeiter. Der moderne Bürokomplex in großzügiger, lichtdurchfluteter Architektur enthält im Zentrum ein haushohes Atrium, das von Brücken und Treppen durchzogen wird.

50 Museum Wasserkunst Elbinsel Kaltehofe

Das Museum dokumentiert die Geschichte des Wasserwerks Kaltehofe und der Wasserkontrolle. Im Obergeschoss der historischen Jugendstilvilla des ehemaligen hygienischen Instituts dokumentiert die Ausstellung die Entstehung der ersten zentralisierten Wasserversorgung Hamburgs. Nach einer Choleraepidemie Im Jahre 1892 wurde das hygienische Institut gegründet, um die Wasserqualität zu kontrollieren und ein erneutes Ausbrechen einer solchen Epidemie zu vermeiden.

Eine zweite Ausstellung zum Thema Wasserkunst ermöglicht, durch zwei Jahrhunderte Geschichte der Hamburger Brunnen und Wasserspiele zu flanieren. Präsentiert wird die Geschichte der Brunnen und ihrer Architekten, Bildhauer und Bauherren in der Atmosphäre einer fiktiven Bildhauerwerkstatt.

Wasserkunst Elbinsel Kaltehofe, Kaltehofe-Hauptdeich 6-7, Öffnungszeiten: Mi-So, Feiertage 10-18 Uhr

51 Riepenburger Mühle

zu Kartenseite 27

Bereits 1318 wurde eine Mühle an dieser Stelle erwähnt. Die heutige Mühle wurde 1828 als Galerie-Holländerwindmühle errichtet. Bis 1863 waren die Bewohner von Bergedorf, Geesthacht und den Vierlanden verpflichtet, ihr Korn entweder in der Riepenburger Mühle oder in der Kornwassermühle in Bergedorf mahlen zu lassen. Um 1900 wurden zwei motorbetriebene Schrotgänge eingebaut und 1953 alle Maschinen auf Elektroantrieb umgestellt. 1963 wurde eine noch heute funktionstüchtige Hammerschlagmühle eingebaut. Nach umfangreichen Restaurierungsarbeiten ist die Mühle seit 2007 wieder windgängig.

Riepenburger Mühle, Kirchwerder Mühlendamm 75a, Öffnungszeiten: Di, Do 14-18 Uhr

52 KZ-Gedenkstätte Neuengamme

zu Kartenseite 29

Das Konzentrationslager (KZ) Neuengamme wurde 1938 zunächst als Außenlager des KZ Sachsenhausen errichtet und seit 1940 als selbständiges Konzentrationslager mit mindestens 86 Außenlagern (bis an die dänische Grenze) ausgebaut. Die Häftlinge mussten Zwangsarbeit vor allem in der Rüstungsindustrie und beim Bau militärischer Anlagen leisten. Von den bis 1945 dort gefangen gehaltenen ca. 100.000 Menschen, davon 90 Prozent aus besetzten Ländern, starben mindestens 50.000 durch unmenschliche Arbeits- und Lebensbedingungen, direkte Morde und bei Todesmärschen nach der Lagerräumung. Neben der Hauptausstellung „Zeitspuren: Das Konzentrationslager Neuengamme 1938-1945 und seine Nachgeschichte" sind eine Studienausstellung „Dienststelle KZ Neuengamme: Die Lager-SS" und zwei Ergänzungsausstellungen über die „Mobilisierung für die Kriegswirtschaft: KZ-Zwangsarbeit in der Rüstungsproduktion" und „Arbeit und Vernichtung: KZ-Zwangsarbeit in der Ziegelproduktion" zu sehen.

KZ-Gedenkstätte Neuengamme, Jean-Dolidier-Weg 75, Öffnungszeiten: Mo-Fr 9.30-16 Uhr, Sa, So, Feiertage 10-17 Uhr

53 Atomkraftwerk Krümmel

Das Atomkraftwerk Krümmel war von 1984 bis 2011 mit einem Siedewasserreaktor in Betrieb. Von Juni 2007 bis Juni 2009 war es nach einem Transformatorenbrand nicht in Betrieb. Beim Wiederanfahren im Juli 2009 kam es zu einer weiteren Störung und wurde nicht wieder angefahren. Mit dem Inkrafttreten der 13. Novelle des Atomgesetzes am 6. August 2011 erlosch die Berechtigung zum Leistungsbetrieb. 2015 kündigte Vattenfall einen direkten Rückbau der Anlage an.

54 Windmühle Artlenburg

Eine erste Mühle an dieser Stelle wurde 1833 errichtet und brannte 1889 ab. Aus Teilen einer Wasserschöpfmühle wurde später die Mühle mit einem viereckigen Ziegelunterbau aufgebaut. Seit 1954 arbeitete sie fast ausschließlich elektrisch. 1994 stellte der Müller den Mahlbetrieb ein. Nach umfassender Restaurierung ab 1996 ist die Windmühle heute wieder voll funktionsfähig.

Besichtigung nach Absprache, Tel. 0 41 39 / 70 43

Sightseeing per Velo - Lauenburg

zu Kartenseite 31

Lauenburg war bis 1689 Herzogtum. Die Stadt lag als Handelspunkt am Stecknitzkanal, der hier von der Elbe abzweigte und unweit der Alten Salzstraße, die bei Schnakenbek die Elbe überquerte. Die sehenswerte Altstadt lohnt einen Besuch.

55 Elbschifffahrtsmuseum

Das Museum in einem historischen Gebäude der Lauenburger Unterstadt thematisiert die Schifffahrt zwischen Hamburg und Böhmen. Mit Modellen, Schaukästen und Originalexponaten wird die Entwicklung anschaulich dargestellt. Im so genannten Maschinenkeller sind Schiffsmaschinen aus der Zeit um 1850 bis in die Gegenwart zu besichtigen, die zum Teil in Funktion gesetzt werden können. Der vom Museum betreute Raddampfer Kaiser Wilhelm wurde 1899/1900 in Dresden gebaut.

Elbschifffahrtsmuseum, Elbstraße 59,
Öffnungszeiten: Mo-Fr 10-18 Uhr, Sa, So, Feiertage 10-17 Uhr

56 Künstlerhaus Lauenburg

Die Internationale Stipendiatenstätte des Landes Schleswig-Holstein besitzt im Erdgeschoss eine Galerie mit wechselnden Ausstellungen.
Künstlerhaus Lauenburg/Elbe, Elbstraße 54, Öffnungszeiten: Mo, Di 11-17 Uhr

57 Bronzefiguren

In der Elbstraße steht die Bronzefigur „Der Rufer", eine weitere Bronze-Gruppe „Die Wartenden" steht am Büchener Weg und die Bronzeplastik „Ich bin" vor dem Rathaus.

58 Hochwasserpegel

Der Pegel zeigt die unterschiedlichen Wasserstände der Elbe in Lauenburg im Laufe vieler Jahre. Die Pegelanzeige wurde von der Töpferin Karin Scherling künstlerisch gestaltet.

Altstadt Lauenburg

59 Maria-Magdalenen-Kirche

Die ältesten Bauteile, darunter das gotische Kirchenschiff, stammen aus der Zeit um 1300. Der heutige Chor aus Backstein wurde 1827 errichtet. 1902 wurde der Kirchturm im Stil der Neugotik neu gebaut. Im Innern beeindruckt vor allem der spätgotische Marienleuchter aus Holz und Eisen mit der doppelseitigen Statue einer Strahlenkranzmadonna.

60 Lauenburger Schloss

Als einziger Überrest des 1656 durch Beschuss kaiserlicher Artillerie zerstörten Schlosses blieb der mächtige Geschützturm erhalten. Dieser war zwischen 1457 und 1477 erbaut und mit zwei Meter dicken Mauern, Schießscharten und Pulverkammern versehen worden, um eine Kontrolle der Stadt, der Elbe und des umgebenden Landes zu gewährleisten. Später wurde ein oberes Stockwerk abgetragen und im Obergeschoss Gefängniszellen eingerichtet.

61 Lauenburger Mühle

Die zwischen 1871/1873 errichtete Holländer-Galerie-Mühle gehört heute, restauriert, zu einem Hotel und ist zugleich ein attraktiver Aussichtspunkt auf die Stadt und den Fluss. Führungen in die technischen Einrichtungen der Mühlentechnik werden angeboten.
Lauenburger Mühle, Bergstraße 17

Altstadt mit Maria-Magdalen-Kirche

62 Palmschleuse

Die Palmschleuse in Lauenburg ist eine seltene Kesselschleuse. Sie wurde 1398 im Verlauf des Stecknitzkanals komplett aus Holz gebaut und war eine von 15 Schleusen dieses Kanals. Die Schleuse wurde 1962 vollständig restauriert, ist heute aber nicht mehr in Betrieb.

Boizenburg

zu Kartenseite 32

63 Kontrollpunkt „Checkpoint Harry"

Nach dem Mauerbau 1961 erklärte die DDR die Regionen unmittelbar an der Grenze zur Bundesrepublik zu Sperrzonen. So benötigten Besucher Boizenburgs über viele Jahre zur Einreise eine Sondergenehmigung. 1972 wurde das Sperrgebiet eingegrenzt. Ein Kontrollpunkt für Besucher des Sperrgebiets wurde am Stadtrand eingerichtet. Nach der Wende im Herbst 1989 eröffnete dort ein Imbiss unter dem Namen „Checkpoint Harry".

64 Altstadt

Die Altstadt Boizenburgs ist von einem mit Linden bestandenen mittelalterlichen Wall umgeben und beidseitig von Gräben umschlossen. Viele kleine Fachwerkhäuser prägen das Stadtbild. Der „Wallpavillion", ein kleiner sechseckiger, von einem Morgenstern bekrönter Bau steht unmittelbar über den Wassern des Wallgrabens. Nach einem Stadtbrand im Jahre 1709 wurde die Stadt mit einem schachbrettartigen Grundriss in barockem Stil wieder aufgebaut.

65 Fliesenmuseum

Das Museum erinnert an die ehemalige Boizenburger Fliesenfabrik und dokumentiert die Herstellung frühindustrieller Fliesen in Deutschland und Europa. Gezeigt werden auf 500 Quadratmeter Fläche in Wechselausstellungen tausende Fliesen im Stile des Historismus, des Jugendstils und des Art Déco.

Erstes Deutsches Fliesenmuseum Boizenburg e.V. ,
Reichenstr. 4,
Öffnungszeiten: Di-Fr 10-16 Uhr, Juli/Aug. Sa, So 14-17 Uhr

Amt Neuhaus

zu Kartenseite 34

Über lange Zeit gehörte das Amt Neuhaus zum Herzogtum Sachsen-Lauenburg. Nach der Übergabe des Herzogtums an Dänemark 1815 blieb das Amt Neuhaus bei Hannover und gehörte von 1866 bis zum Ende des Zweiten Weltkrieges zur preußischen Provinz Hannover. Nach dem Krieg gehörte das Gebiet kurzzeitig zur britischen Besatzungszone, wurde aber schon bald aus praktischen Gründen in die sowjetische Besatzungszone eingegliedert, aus der die DDR entstand. Nach der Wiedervereinigung beschlossen die Gemeinderäte einstimmig einen Wechsel zu Niedersachsen, der am 30. Juni 1993 mit einem Staatsvertrag zwischen Mecklenburg-Vorpommern und Niedersachsen vollzogen wurde.

66 Marschhufendorf Konau

Das kleine Dorf in der Gemeinde Amt Neuhaus liegt am östlichen Elbufer und gehört mit dem Vordeichgelände zum Biosphärenreservat. Reetgedeckte niedersächsische Bauernhäuser mit ortstypischen Durchfahrtsscheunen, Göpeln und Stallanlagen stehen sorgfältig restauriert am Elbdeich. Die 1957 eingeweihte Konauer Kapelle war der einzige Kirchenneubau der DDR, der am Grenzzaun zur Bundesrepublik errichtet wurde.

Zwischen 1961 und 1989 gehörte Konau zum Sperrgebiet und war damit auch zur DDR hin abgeschottet. Ein Grenzzaun versperrte den Bewohnern überdies den Blick auf die Elbe. Der Rundweg „Grenzgänge" und eine Ausstellung erinnern an diese Zeit mit Fotos, Exponaten, Schautafeln und Zeitzeugeninterviews.

67 „Pforthaus"

Das mehr als 400 Jahre alte Pforthaus gehörte einst zur ausgedehnten Anlage der Wasserburg Neuhaus. Heute birgt es das Heimatmuseum, das die wechselvolle Geschichte der Gemeinde dokumentiert. Archäologische Funde, darunter Urnen und Steinbeile weisen auf eine frühe Besiedlung. Zu den Exponaten zählen bäuerliche und hauswirtschaftliche Geräte sowie Handwerksprodukte aus dem 18. und 19. Jahrhundert. Kritisch setzt man sich dabei mit der deutschen Kolonialpolitik vor dem 1. Weltkrieg auseinander. Carl Peters, der Begründer der Kolonie Deutsch-Ostafrika wurde 1856 in Neuhaus/Elbe geboren. Eine Sonderausstellung ist dem Thema Zwangsaussiedlungen im Sperrgebiet der DDR gewidmet.

Heimatmuseum „Pforthaus", Rosengartenweg 4,
Anmeldung im Haus des Gastes (Tel. 03 88 41 / 2 10 18)

Hitzacker ....zu Kartenseite 37

Die von der Jeetzel umflossene Altstadt mit ihren malerischen Gassen und bunten Fachwerkhäusern bietet eine Vielzahl an Gasthäusern.

68 Altes Zollhaus

Das älteste erhaltene Gebäude in Hitzacker ist das „Alte Zollhaus". Seit 1248 bis zur Aufhebung der Zollpflicht infolge der Reichsgründung 1872 wurde an dieser Stelle Elbzoll eingetrieben.

Im ehemaligen Zollhaus aus dem Jahre 1589 ist seit 1985/86 ein Museum untergebracht. Themen sind die Geschichte der vom Wasser umschlossenen und oft vom Elbhochwasser bedrohten Stadt, Schiffbau, Schifffahrt und Wasserbau sowie die innerdeutsche Grenze.

Museum im Alten Zollhaus, Zollstraße 2,
Öffnungszeiten: Mrz.-Okt. Di-So inkl. Feiertage 10-17 Uhr

Kirche St. Johannis in Hitzacker

69 St.-Johannis-Kirche

Die Kirche liegt am Rande der Stadtinsel. Wie viele Missionskirchen in Norddeutschland war sie nach Johannes dem Täufer benannt worden. 1668 fielen Dach, Turm und Innenausstattung der Kirche einem verheerenden Stadtbrand zum Opfer. Während der Napoleonischen Kriege nutzten französische Truppen sie als Festung. Die ursprünglich romanische Backsteinarchitektur ist kaum noch erkennbar. Der Kanzelaltar stammt von 1824.

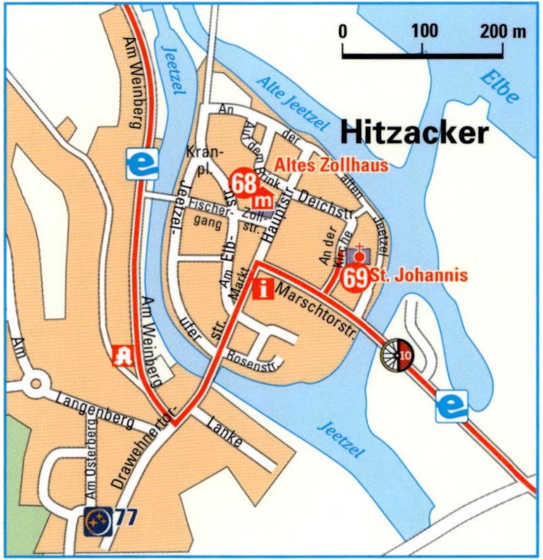

70 Archäologisches Zentrum

Schwerpunkt des archäologischen Freilichtmuseums ist die Darstellung bronzezeitlicher Siedlungsweisen. Drei Wohnstallhäuser, eine Totenhütte und ein Grubenhaus wurden anhand örtlicher archäologischer Funde rekonstruiert. Eine Ausstellung informiert über das Leben in der Bronzezeit vor 3.000 Jahren.

Archäologisches Zentrum Hitzacker, Elbuferstraße 2-4,
Apr-Okt. tägl. 10-17 Uhr

71 „Dorfrepublik" Rüterberg

Bekannt wurde die Gemeinde durch den am 8. November 1989 von ihren Bürgern ausgerufenen Status der „Dorfrepublik Rüterberg". Nach dem Ende des Zweiten Weltkrieges wurde das in der sowjetischen Besatzungszone gelegene Rüterberg Grenzdorf zur britischen Besatzungszone. Seit 1952 wurde eine Sperrzone eingerichtet, die Passierscheinpflicht eingeführt und ein Grenzzaun entlang des Elbufers errichtet. Mehrere Familien wurden zwangsumgesiedelt. 1966 kam es zur so genannten Schlacht von Gorleben, in der der Bundesgrenzschutz und britische Streitkräfte mit gewagten Manövern den westlichen Hoheitsanspruch auf die volle Breite der Elbe demonstrierten.

Daraufhin wurde 1967 ein zweiter Grenzzaun entlang der Elbe und um Rüterberg errichtet. Damit wurde das Dorf vom Gebiet der DDR abgeschnitten. Aus Protest gegen diese Isolierung beschlossen die Dorfbewohner am 8. November 1989 die Ausrufung der Dorfrepublik. Am nächsten Tag fiel die Mauer und einen Tag später wurde Rüterberg frei zugänglich.

Dömitz .... zu Kartenseite 38

72 Festung Dömitz

Die ehemalige Dömitz ließ der mecklenburgische Herzog Johann Albrecht I. zwischen 1559 bis 1565 strategisch günstig an der Elbe errichten. Im Dreißigjährigen Krieg besetzten wechselnde Parteien die Festung, unter anderem auch für die Generäle Tilly und Wallenstein. 1809 fanden Kampfhandlungen im Rahmen der Befreiungskriege gegen Napoleon statt. Dennoch überstand die Festung relativ unversehrt die Jahrhunderte und wurde bis 1894 vom Militär genutzt. Seit 1750 wurde die Festung zugleich auch als Irrenhaus und Gefängnis benutzt.

Dömitz, Häuser am Deich

Im Kommandantenhaus der Festung ist ein Museum eingerichtet. Erläutert werden die Festungsgeschichte und die Geschichte der Stadt Dömitz zwischen 1900 und 1990. Darüber hinaus sind Exponate zu den Themen Handwerk und städtische Wohnkultur des 18. und 19. Jahrhunderts ausgestellt. Eine Gedenkstätte erinnert an den niederdeutschen Schriftsteller Fritz Reuter, der hier von 1838 bis 1840 inhaftiert war

Lenzen, Elbhafen

und seine Erfahrungen in seinem Buch „Ut mine Festungstid“ (Aus meiner Festungszeit) beschrieben hat. Bastionen, Kasematten und Kommandantenhaus können besichtigt werden. In der Ziegelmauer befinden sich noch eingemauerte Kanonenkugeln, die an den Beschuss der Festung im 19. Jahrhundert erinnern.

Museum Festung Dömitz, An der Festung 3, Öffnungszeiten 1. Mai-3. Okt. Di-Fr 10-16 Uhr, Sa., So. u. Feiertage 10-17 Uhr

73 Elbtalaue

Insgesamt umfasst das von der UNESCO anerkannte Biosphärenreservat „Flusslandschaft Elbe“ den rund 400 Kilometer langen Stromabschnitt der Mittelelbe. Es ist eine der letzten naturnahen Stromlandschaften Mitteleuropas. Typische Fluss- und Auenstrukturen sowie entsprechende naturnahe Lebensräume sind in großem Umfang erhalten und eingebettet in eine jahrhundertealte Kulturlandschaft.

Der Abschnitt zwischen Dömitz und Lenzen gehört mit zu den schönsten.

Lenzen (Elbe) zu Kartenseite 40

74 Burg Lenzen

Der Burgturm wurde bereits um 1200 errichtet. Die anderen Gebäude wurden in späteren Jahrhunderten hinzugefügt. Heute dient die Burg als Hotel sowie als Besucher- und Tagungszentrum. Im Burgturm und in der Fachwerkscheune bieten Dauer- und Sonderausstellungen Einblicke in die Natur- und Kulturgeschichte der Elbtalaue.

Burg Lenzen, Burgstraße 3

75 Rathaus

Das heutige Rathaus wurde 1713 errichtet. Die um 1756 eingebaute Turmuhr hat nur einen Zeiger, der die Stunden anzeigt. Zu dieser Zeit waren mechanische Uhren noch relativ ungenau und wurden mit Hilfe der Sonnenuhr nachjustiert.

76 Stumpfer Turm

Der mit Resten der ehemaligen Stadtmauer aus Feld- und Backsteinen erbaute Turm war ursprünglich der Torturm eines Stadttores. Hier wurde Zoll erhoben.

Sightseeing per Velo – Wittenberge .... zu Kartenseite 42

Die Stadt entwickelte sich Ende des 19. Jahrhunderts als Industriestandort. Das 1903 gegründete Nähmaschinenwerk zählte 1989 noch 3.200 Mitarbeiter. Es wurde 1992 von der Treuhandanstalt liquidiert. Auch das Zellstoffwerk und die Ölmühle wurden geschlossen. Erhalten blieb das Ausbesserungswerk der Deutschen Bahn, wo Doppelstockwagen für den Nahverkehr und die IC-Flotte der Bahn modernisiert werden. Aufgrund der schwierigen Arbeitsplatzsituation sind seit 1990 etwa die Hälfte der Einwohner abgewandert. Die negativen Folgen sind im Stadtbild sichtbar.

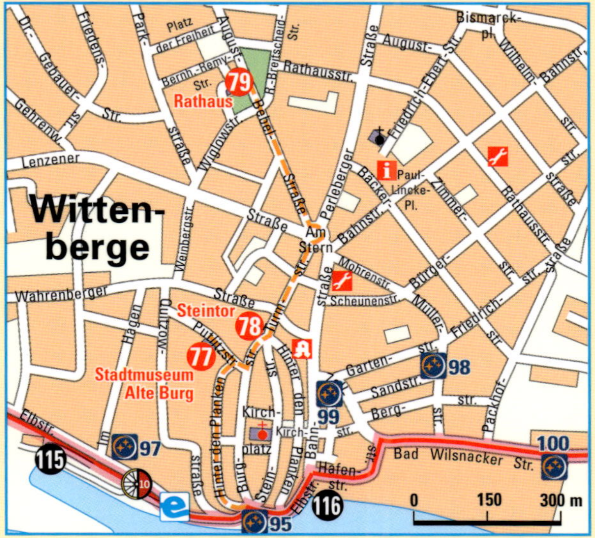

77 Stadtmuseum „Alte Burg" Wittenberge

In der „Alten Burg", dem ältesten Wohnhaus der Stadt, ist heute ein Stadtmuseum eingerichtet. Der schlichte Herrensitz wurde ursprünglich 1669 als „Weißes Schloss" der Edlen Herren Gans zu Putlitz erbaut.

Die Dauerausstellung „Ein VEB war mehr als ein Produktionsbetrieb – die Geschichte des Nähmaschinenwerkes von 1945 bis 1991" dokumentiert den Wiederaufbau des Betriebes nach 1945 und die Lebens- und Arbeitsbedingungen der Menschen. Schließlich war der Betrieb mehr als nur eine Produktionsstätte. Mit Kindergarten, Berufsschule, Betriebsambulatorium, Betriebskonsum und anderen Einrichtungen war er eine kleine Stadt in der Stadt.

Stadtmuseum „Alte Burg" Wittenberge, Putlitzstraße 2, Öffnungszeiten: Mo-So 10-16 Uhr, Di u. Sa geschlossen

Wittenberge, Am Hafen

78 Steintor

Erstmalig erwähnt wird das Tor 1297 in einem Bericht über einen Angriff durch Ritter aus Mecklenburg, bei dem das Tor abbrannte. Das heute älteste Gebäude der Stadt stammt aus dem Jahre 1450.

79 Rathaus

Das 1912-1914 errichtete Rathaus beeindruckt mit Tuffsteinverblendungen und Zierelementen aus Sandstein. Die Türme, Erker und Dachausbauten wurden mit Kupfer gedeckt.

80 Uhrenturm Nähmaschinenwerk

Der 1928/29 errichtete Uhrenturm des 1903 von der US-amerikanischen Firma Singer gegründeten Nähmaschinenwerkes ist architektonisch geprägt vom Expressionismus und der Neuen Sachlichkeit. Ursprünglich diente der Turm der Versorgung der Fabrik mit Brauchwasser und für den Feuerschutz. Zu DDR-Zeiten trug der Betrieb den Namen VEB Nähmaschinenwerk Wittenberge. Die produzierten Nähmaschinen wurden vor allem unter dem Namen Veritas verkauft.

Störche in Rühstädt

Storchendorf Rühstädt

zu Kartenseite 45

Mit bis zu 40 brütenden Storchenpaaren ist Rühstädt Deutschlands storchenreichstes Dorf. 1996 bekam Rühstädt von der Stiftung Europäisches Naturerbe den Titel „Europäisches Storchendorf" verliehen. Damals nisteten hier 44 Storchenpaare. Mittlerweile sind die Störche ein Touristenmagnet geworden. Jährlich kommen um die 60.000 Besucher wegen der Störche nach Rühstädt. Rund 130 Arbeitsplätze in Gastronomie und Hotellerie hängen an den Störchen.

81 Schloss Rühstädt

Die Wasserburg befand sich ursprünglich im Besitz der Familie von Stendal, ab 1384 wird die Familie von Quitzow als Eigentümer genannt. Diese ließ 1552 auf älteren Fundamenten ein durch einen Wall und einen Graben geschütztes Schloss im Stil der Renaissance mit einem hohen Treppenturm errichten. Der letzte Besitzer, Carl von Jagow, wurde im Zuge der Bodenreform entschädigungslos enteignet. Schloss und Gut wurden geplündert, so dass nahezu das gesamte Inventar sowie Archiv und Bibliothek verloren gingen. Nach Kriegsende wurden Vertriebene aus den deutschen Ostgebieten im Schloss einquartiert und später ein Altenpflegeheim eingerichtet. Nach einer grundlegenden Sanierung wird das Schloss heute als Hotel genutzt.

82 Gnevsdorfer Vorfluter

Der elf Kilometer lange Kanal ist ein künstlicher Havelabfluss und dient bei Hochwassergefahr der Verlegung des Rückstaupunktes der Elbe flussabwärts. Der Wasserspiegel der Elbe kann bei Hochwasser vier Meter höher liegen als der Wasserspiegel der Havel. Der Havelabfluss ist dann nicht mehr gewährleistet und das Wasser staut sich. In der Vergangenheit überschwemmte das Hochwasser dann im niedrigen und flachen Havelland vor allem bei Havelberg oft tausende Hektar Äcker, Weiden und Wiesen. Während das Hochwasser der Elbe oft sehr schnell wieder zurückging, blieb im Havelgebiet das Wasser noch lange auf Feldern und Weiden stehen und vernichtete die Ernten.

1904 wurde ein Gesetz zur „Verbesserung der Vorflut- und Schifffahrtsverhältnisse" beschlossen mit dem Ziel, das Hochwasser schneller abzuführen, die Wasserstände zu senken und die landwirtschaftlichen Flächen trocken zu legen. Zugleich sollten die Schifffahrtsbedingungen verbessert werden. Zum Hochwasserschutzsystem gehören die vier Wehre bei Quitzöbel (Altarm- und Durchstichwehr), Neuwerben und Gnevsdorf sowie die Schleuse Havelberg.

Havelberg zu Kartenseite 46

Die Stadt entstand früh im Zuge der deutschen Ostkolonisation. Im 7. Jahrhundert siedelten sich westslawische Stämme rechts der Elbe in der Region um Havelberg an. 929 gelang dem ostfränkischen König Heinrich I. ein bedeutender Vorstoß in das Slawengebiet. Kurz danach entstand in Havelberg eine frühdeutsche Burganlage auf dem Höhenrücken im Bereich des späteren Dombezirks. Heinrichs Sohn Otto I. gründete 948 die Bistümer Havelberg und Brandenburg zur Missionierung der örtlichen Bevölkerung. Doch schon 983 konnten die Slawen die Gebiete östlich der Elbe zurückerobern. Erst der Wendenkreuzzug im Jahr 1147 führte zur Eroberung der Region. Um 1150 wurde ein Domkapitel in Havelberg gegründet und 1170 der Havelberger Dom geweiht.

Havelberg

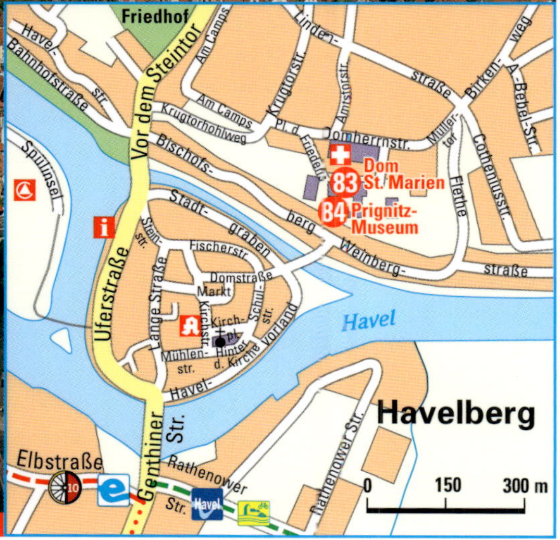

Die Ansiedlung des Bischofssitzes ermöglichte die Entwicklung Havelbergs zur Stadt. Diese entstand ebenfalls Mitte des 12. Jahrhunderts auf einer Landzunge in einer Flussschleife der Havel und wurde Hansestadt. Durch die Anlage eines Grabens zwischen Dom und Stadt wurde die Landzunge zu einer leicht zu verteidigenden Insel in der Havel. Fischerei, Schiffbau und Schifffahrt sowie die Ziegelindustrie wurden historisch bedeutsame Gewerbe. Heute ist davon lediglich eine Schiffbauwerft bestehen geblieben. Nach 1989 verließen etwa die Hälfte der Einwohner Havelberg.

83 Dom „St. Marien"

Die heute evangelische Kirche war Hauptkirche des Bistums Havelberg. Nach einem Brand wurde die 1170 geweihte Kirche zwischen 1279 und 1330 gotisch umgebaut. Der Dom weist deutliche Zeichen einer Wehranlage auf, unter anderem durch ein massives und mit Schießscharten bewehrtes Westwerk. Eine architektonische Besonderheit sind Grisailleornamentfenster. Die in Grau, Weiß und Schwarz ausgeführte Grisailletechnik findet sich vor allem in Zisterzienserkirchen. Dieser Orden legte großen Wert auf eine schlichte Gestaltung. Sehenswert im Innern sind darüber hinaus die Triumphkreuzgruppe, drei Sandsteinleuchter und ein Chorgestühl aus Eichenholz aus der Zeit um 1300. 20 Reliefs und 14 Skulpturen aus Sandstein, die sich im Lettner und den seitlichen Chorschranken befinden, stellen Szenen aus dem Leben Jesu dar und stammen aus dem 15. Jahrhundert.

84 Prignitz-Museum

Das Prignitz-Museum am Havelberger Dom widmet sich der regionalen und Kirchengeschichte. Gezeigt werden Ausstellungen zur Siedlungsgeschichte der Prignitz, der Altmark und des Havelwinkels, zur Dom- und Bistumsgeschichte sowie zur Stadtgeschichte Havelbergs.

Prignitz-Museum am Dom Havelberg, Domplatz 3,
Öffnungszeiten: Di-So 10-17 Uhr

Werben (Elbe) zu Kartenseite 46

85 Hanse- und Storchenstadt

Werben war wegen ihrer Lage an einem Elbübergang bereits früh von Bedeutung für Handel und Handwerk. 1358 wurde die Stadt Mitglied der Hanse und blieb

Werben, Elbtor

es bis 1488. In dieser Zeit wurde das Elbtor erbaut. Im Dreißigjährigen Krieg wurde Werben 1631 wegen seiner strategisch bedeutenden Lage von den Schwedischen Truppen in Besitz genommen. Die kaiserlichen Truppen unter Tilly beschossen daraufhin die Stadt. Einige Treffer sind heute noch an der Kirche sichtbar. In der folgenden Schlacht bei Werben wurde Tilly zum Rückzug gezwungen. Daraufhin ließ Schwedenkönig Gustav Adolf die Werbener Schanze als berüchtigte Schwedenschanze errichten. Mit ihr beherrschte er die Haveleinfahrt und die Elbe. 1641 wurde die Schanze von brandenburgischen Truppen erobert und geschleift.

Zu den Sehenswürdigkeiten gehören die Salzkirche, das Elbtor mit einem kleinen Heimatmuseum, eine hölzerne Windmühle, der letzte erhaltene Turm der mittelalterlichen Stadtmauer sowie die Kirche St. Johannis. Auch die Stadt Werben ist durch Abwanderung geprägt. Unter Denkmalschutz stehende Fachwerkhäuser drohen zu verfallen.

In jedem Frühling kommen bis zu 20 Storchenpaare nach Werben und beziehen ihre Horste auf den Dächern.

Sightseeing per Velo – Tangermünde .... zu Kartenseite 50/51

Die Burg von Tangermünde wurde bereits im Jahre 1009 erwähnt, die Stadt selbst 1275. Ihre Blütezeit erlebte die Stadt Tangermünde in den Jahren 1373 bis 1378, als sie Kaiser Karl IV. neben Prag als Zweitsitz und als Hauptstadt der mittleren Provinzen diente. Im 15. Jahrhundert wurden die Stadttore und das Rathaus im Stil der norddeutschen Backsteingotik errichtet und die St. Stephanskirche zur gotischen Hallenkirche ausgebaut. Bergab ging es mit der Stadt 1488, als nach einer Rebellion gegen die Biersteuer der Kurfürst Johann Cicero von Brandenburg die Stadt verließ und seine Residenz nach Cölln, eine der Gründungsstädte Berlins verlegte. Nach dem Stadtbrand von 1617 wurden beim Neuaufbau viele prächtige Fachwerkhäuser errichtet, deren geschnitzte Portale und Schmuckformen noch heute zu bewundern sind. Nach dem Dreißigjährigen Krieg verlor die Stadt auch ihre Bedeutung als Handelszentrum.

86 Stadtmauer

Die Mauer mit dem Hünerdorfer Tor, Neustädter Tor und Elbtor blieb fast vollständig erhalten.

87 Burg Tangermünde

Die Burg sicherte bereits im 10. und 11. Jahrhundert als Reichsburg die deutsche Reichsgrenze an der Elbe. 1373 zog Kaiser Karl IV. ein und ließ sie schlossähnlich ausbauen. Während des Dreißigjährigen Krieges wurde die Burg 1640 von schwedischen Truppen niedergebrannt. Von der ehemaligen Burganlage sind das Burgtor, die Kanzlei, der runde Bergfried, ein Wohnturm und der Burggraben erhalten. Die Burg wird heute als Hotel genutzt.

88 St. Stephanskirche

Die evangelische Kirche zählt wie das Rathaus zu den schönsten Bauwerken der Backsteingotik. Die dreischiffige gotische Hallenkirche wurde ab 1350 in mehreren Phasen erbaut. Im Inneren der Kirche beeindruckt die farbige Raumgestaltung aus der Zeit der Spätgotik. Die Innenausstattung der Kirche stammt vor allem aus dem 17. Jahrhundert. Die steinerne Kanzel aus dem Jahre 1619 wird von einer Figur getragen, die Moses darstellt. Apostelfiguren und Reliefs mit biblischen Themen schmücken die Kanzel. Der barocke Hochaltar von 1705 hat Türen für einen Abendmahlsumgang. Im Hauptgeschoss des Altars flankieren Moses und Johannes der Täufer die Kreuzigungsdarstellung. 41 Bildfelder auf der Brüstung einer hölzernen Empore im Langhaus zeigen Szenen aus dem Alten Testament.

Tangermünde, Neustädter Tor

89 Rathaus

Das Rathaus mit seiner spätgotischen Schauwand ist eines der schönsten Bauwerke europäischer Backsteingotik. Der Ostflügel als ältester Teil des Gebäudes wurde ab 1430 errichtet. Im Erdgeschoss und in den Kellerräumen befindet sich heute das Tangermünder Museum zur Stadtgeschichte. Es verweist unter anderem auf die Geschichte der Grete Minde, die 1617 die Stadt angezündet haben soll und dafür auf dem Scheiterhaufen verbrannt wurde. Theodor Fontane schrieb darüber seine 1880 erschienene Novelle „Grete Minde". Schiffs- und Bootsmodelle sowie weitere Dokumente erläutern die Lebens- und Arbeitsbedingungen der Schiffer und Fischer an und auf der Elbe. Weitere Themen sind die Entstehungsgeschichte von Tangermünder Betrieben und biedermeierliche Wohnkultur.

Städtische Museen Tangermünde, Stadtgeschichtliches Museum, Am Markt, Öffnungszeiten: Di-So 13-17 Uhr

Jerichow zu Kartenseite 51

Die Gründung des Klosters Jerichow durch Prämonstratenser geht auf das Jahr 1144 zurück. Zwischen 1149 und 1172 erbauten sie die Stiftskirche und den Ostflügel der Klausur im Stil der Backsteinromanik.

90 Klostermuseum

Als Klostermuseum dienen die wiederhergestellten Klausurräume und der Kreuzgang. Im Dormitorium informiert eine Ausstellung über die Geschichte des Klosters.
Kloster Jerichow, Am Kloster 1,
Öffnungszeiten: Apr-Okt. täglich 10-18 Uhr

91 Windmühle

Die Holländer-Windmühle wurde 1857 anstelle einer älteren Mühle errichtet. Der Innenausbau aus dieser Zeit ist noch vollständig erhalten. 1936 war die Mühle auf Motorantrieb umgestellt worden, 1949 wurden auch die Flügel entfernt. Bis 1970 wurde noch Mehl gemahlen und bis 1990 geschrotet. Nach aufwändiger Restaurierung wurde sie 2005 wieder als funktionsfähige Windmühle instand gesetzt.
Besichtigung: nach Absprache, Tel. 03 93 43 / 5 24 82

Ferchland zu Kartenseite 52

92 Dorfkirche

Die Kirche an der Genthiner Straße wurde zwischen 1726 und 1729 errichtet. Über dem vierseitigen Pultdach erhebt sich ein kleineres Uhrengeschoss mit einer sechsseitigen spitzen Haube. Über der Haube ist eine Krone zu sehen. Sie soll ein Geschenk des Preußenkönigs sein zum Dank für die großzügige Verpflegung seiner Truppen im Ort.

Kloster Jerichow

Parey zu Kartenseite 53

93 Pareyer Schleuse

Preußenkönig Friedrich der Große gab 1743 die Order zum Bau des Plauer Kanals, der später zusammen mit dem Ihle-Kanal zum Elbe-Havel-Kanal ausgebaut wurde. Der Kanal mündete nördlich von Parey in die Elbe. Zur Regelung des Gefälles wurde bei Parey eine hölzerne Schleuse gebaut. Zwischen 1888 und 1892 wurde die Elbe bei Parey neu eingedeicht, ein neuer Durchstich zwischen Elbe und Plauer Kanal unternommen und die Pareyer Schleuse ausgebaut.

94 Paltrockwindmühle

Eine Windmühle in Parey wurde erstmals 1420 erwähnt. Am Anfang des 20. Jahrhunderts wurde an gleicher Stelle eine Bockwindmühle errichtet. Nach dem zweiten Weltkrieg wurde sie zu einer Paltrockwindmühle umgebaut. Bei beiden Mühlenvarianten wird der komplette Mühlenkörper mit den Flügeln in den Wind gedreht. Die Drehebene liegt bei der Paltrockwindmühle ganz auf der Bodenebene. Dadurch kann dieser Mühlentyp größer gebaut werden und mehr Mahl-

Parey, Paltrockmühle (s. Seite 91)

gänge aufnehmen. Nachdem die Mühle 1983 nach einem Blitzschlag abbrannte, wurde sie 1992/93 wieder aufgebaut. Die Antriebswellen, Mahl- und Schrotgang wurden von einer anderen, 1991 abgebrochenen Paltrockmühle übernommen.

Besichtigung nach Voranmeldung, Tel. 03 93 49 / 9 33

95 Ringofen

Zu den technischen Denkmälern in Parey zählt auch der Hoffmannsche Ringofen auf dem Gelände einer Ziegelei aus dem 18./19. Jahrhundert. Die Ziegelbrennerei kann in Parey auf eine lange Tradition zurückblicken. Bis zum Beginn des 20. Jahrhunderts war die Zahl der Ziegeleien zwar stark zurückgegangen, doch wurde mit der Hoffmannschen Ringofenziegelei 1888 ein leistungsstarker Betrieb aufgebaut, der noch bis 1978 produzierte. Der Hoffmannsche Ringofen wurde von dem Ingenieur Friedrich Eduard Hoffmann zum effektiven kontinuierlichen Brennen von Ziegeln, Kalk und Gips entwickelt und 1859 zum Patent angemeldet. Der Ringofen besteht aus einem großen Kreis mit mehreren Kammern, die unabhängig voneinander zum Brennen von Ziegelrohlingen befeuert werden können.

96 Schloss Zerben

Theodor Fontane orientierte sich bei seiner Romanfigur „Effi Briest" am Schicksal der Elisabeth Freiin von Plotho aus Zerben. Der Rittergutbesitzer Wolfgang von Plotho ließ zwischen 1874 und 1879 ein bereits bestehendes

Herrenhaus aufwändig in ein neobarockes dreiflügeliges Gebäude umbauen und mit einem Mittelrisalit und Seitenpavillions versehen. 1948 wurden Teile des Schlosses abgerissen. Seit 1999 wird es nach und nach wiederaufgebaut.
Nach telefonischer Voranmeldung sind Besichtigungen und Führungen möglich, Tel. 039349 93429.

97 Schleuse Hohenwarthe

Die 2003 eröffnete Schleuse bildet das östliche Ende des Mittellandkanals und senkt das Wasserniveau auf die Höhe des Elbe-Havel-Kanals. Die Höhendifferenz liegt bei Normalwasserstand bei 18,55 Metern. Die Schleusenanlage besteht aus zwei parallel angeordneten Schleusenkammern, die durch eine 12,50 m breite Mittelmole miteinander verbunden sind. Die Schleusenkammer ist 190 Meter lang und 12,50 Meter breit. Die Höhe der Schleusenkammerwände beträgt 24,45 Meter.

98 Wasserstraßenkreuz Magdeburg

Das Wasserstraßenkreuz nördlich von Magdeburg dient der Überquerung des Mittellandkanals über die Elbe. Eine Kanalbrücke führt den Mittellandkanal über die Elbe hinweg. Östlich des Flusses geht der Mittellandkanal in den Elbe-Havel-Kanal über.

Zum Wasserstraßenkreuz gehören neben der Kanalbrücke das Schiffshebewerk Rothensee und die Schleuse Rothensee, über die die Schiffe vom Mittellandkanal in die Elbe fahren können. Auf der östlichen Elbseite bildet die Schleuse Niegripp die Verbindung zwischen der Elbe und dem Elbe-Havel-Kanal. Die Schleuse Hohenwarthe dient dem Ausgleich des Höhenunterschieds zwischen den beiden Kanälen.

Bis zur Eröffnung des Wasserstraßenkreuzes 2003 mussten Schiffe zwischen dem Mittellandkanal und dem Elbe-Havel-Kanal einen zwölf Kilometer langen Umweg über das Schiffshebewerk Rothensee, die Elbe und die Schleuse Niegripp fahren.

Magdeburg

zu Kartenseiten 59-61

Die heutige Landeshauptstadt von Sachsen-Anhalt und „Ottostadt" wurde im Jahre 805 erstmals urkundlich erwähnt. Das Erzbistum Magdeburg, das Kaiser Otto I. 968 begründete, spielte eine entscheidende Rolle bei der Christianisierung der Slawen. Im Mittelalter wurde Magdeburg Hansestadt und zählte im Spätmittelalter zu den größten deutschen Städten und wurde ein Zentrum der Reformation. Im Dreißigjährigen Krieg wurde die Stadt vollständig zerstört und später zur stärksten Festung des Königreichs Preußen ausgebaut. Im Januar 1945 wurden bei einem Luftangriff 90 Prozent der Altstadt total zerstört. Zu den berühmtesten Magdeburgern gehören Otto von Guericke, der durch seinen Versuch mit den Magdeburger Halbkugeln zum Begründer der Vakuumtechnik wurde, sowie der Barockmusik-Komponist Georg Philipp Telemann.

99 Jahrtausendturm

Das einzigartige Gebäude wurde für die Bundesgartenschau 1999 errichtet und ist mit 60 Metern der höchste Holzleimbindebau der Welt. Dokumentiert werden 6.000 Jahre Geschichte der Wissenschaft und Technik mit hunderten Exponaten und anschaulichen oder interaktiven Experimenten. Ein astronomisches Fernrohr gehört ebenso dazu wie ein Foucaultsches Pendel, das die Rotation der Erde demonstriert.
Jahrtausendturm, Tessenowstraße 7,
Öffnungszeiten: Di-So u. Feiertage 10-18 Uhr

Sightseeing per Velo – Magdeburg

zu Kartenseiten 59

100 Schiffmühle

Die historische Schiffmühle am Petriförder ist ein voll funktionsfähiger Nachbau einer Schiffmühle aus dem Jahre 1874. Die mit mehreren Seilen festgebundene schwimmende Getreidemühle wurde durch die Strömung angetrieben. Je nach Strömungsstärke konnte man das Schaufelrad höher oder tiefer legen und so die Geschwindigkeit des Mühlsteins steuern. Bereits 1297 schwamm in Magdeburg eine Schiffmühle auf der Elbe, im 17. Jahrhundert waren es dann einige Dutzend. Mit der verstärkten Elbschifffahrt endete die Zeit der Schiffmühlen, da diese mitten auf dem Fluss schwammen und den Schiffsverkehr behinderten.
Historische Schiffmühle am Petriförder, Schleinufer 1

101 Otto-von-Guericke-Museum

In der Lukasklause, einem aus dem Mittelalter stammenden spätgotischen Wehrturm, ist das Otto-von-Guericke-Museum untergebracht, das an den großen Physiker erinnert.

Otto-von-Guericke-Museum in der Lukasklause, Schleinufer 1, Öffnungszeiten: Mi-Fr 11-15 Uhr

102 Rathaus Magdeburg

Das Alte Rathaus am Alten Markt war im Dreißigjährigen Krieg zerstört worden. Der Wiederaufbau zog sich von der Mitte des 17. Jahrhunderts bis zum Jahr 1713. Erneut während des Zweiten Weltkrieges durch Luftangriffe 1944 und 1945 schwer beschädigt, wurde es zwischen 1950 und 1979 weitgehend in seiner historischen Form wiederaufgebaut. Die 1970 geschaffene bronzene Rathaustür des Bildhauers Heinrich Apel zeigt Szenen der Magdeburger Geschichte. Vor dem Rathaus steht der Magdeburger Roland. Die erste Rolandfigur ist aus dem Jahr 1419 überliefert. Der heutige Magdeburger Roland entstand im Jahr 2005. Der Magdeburger Reiter aus der Mitte des 13. Jahrhunderts war das erste freistehende Reiterstandbild nördlich der Alpen. Das Standbild auf dem Alten Markt ist eine Kopie von 1966, die im Jahr 2000 vergoldet wurde. Das Original steht im Kulturhistorischen Museum Magdeburg.

Magdegburger Dom mit Elbe

Kloster „Unser Lieben Frauen"

103 Kunstmuseum Kloster Unser Lieben Frauen

Das ehemalige Kloster, das im 11. und 12. Jahrhundert erbaut wurde, ist das älteste erhaltene Bauwerk Magdeburgs. Heute dient der romanische Gebäudekomplex als Kunstmuseum mit Schwerpunkt auf Bildhauerkunst. Gezeigt werden Skulpturen aus der Antike, dem Mittelalter und der Moderne.

Kunstmuseum Kloster Unser Lieben Frauen,
Regierungsstraße 4-6,
Öffnungszeiten Di-Fr 10-17 Uhr, Sa, So 10-18 Uhr

Hundertwasser-Bauwerk „DIE GRÜNE ZITADELLE VON MAGDEBURG"

104 GRÜNE ZITADELLE VON MAGDEBURG

Das von Friedensreich Hundertwasser entworfene Gebäude wurde 2005 fertiggestellt. Es war das letzte Projekt Hundertwassers vor seinem Tod. Ursprünglich sollte ein Plattenbau aus DDR-Zeiten umgestaltet werden. Später wurde ein Neubau an Stelle des vorhandenen Plattenbaus errichtet, um einen größeren Spielraum für die Gestaltung zu erzielen. Das Dach ist überwiegend mit Gras bewachsen und zahlreiche Bäume wachsen an den Außenwänden und auf dem Dach des Gebäudes.

105 Magdeburger Dom

Der heutige Dom wurde zwischen 1209 und 1520 an der Stelle eines Vorgängerbaus auf dem Domfelsen erbaut. Er ist die erste gotische Kathedrale Deutschlands und einer der bedeutendsten deutschen Kirchenbauten. Obwohl der Dom mehrmals geplündert und fast zerstört wurde, birgt er viele Kunstschätze. Im Chor befindet sich das Grab Kaiser Otto I.

Besonders sehenswert sind die zehn Skulpturen der klugen und törichten Jungfrauen in der Tracht des 13. Jahrhunderts am Nordportal. Es ist die erste monumentale Gestaltung dieses Themas, das später auch bei anderen Kirchenbauten aufgenommen wurde. Da eine Stilverwandtschaft zu den Bamberger und Naumburger Fürstenfiguren besteht, wird angenommen, dass der Bildhauer in der Bamberger Schule gearbeitet hat.

Antike Säulen aus Porphyr, Marmor und Granit in der Apsis stammen möglicherweise aus Ravenna. Kaiser Otto I. brachte diese Säulen aus Italien für den Bau des ersten Domes mit. Bei dem Taufbecken soll es sich der Überlieferung nach ursprünglich um einen römischen Springbrunnen handeln. Das Gestein (Porfido rosso) soll aus Hurghada in Ägypten kommen.

Magdeburg, Domportal

106 Kulturhistorisches Museum Magdeburg

Das 1906 gegründete Museum verfügt über einen reichen Fundus von 400.000 archäologischen Funden aus der Region Magdeburg und dem nördlichen Sachsen-Anhalt sowie Frankreich, der Rhein-Mosel-Region, aus Ungarn, Mähren und Italien aus 200.000 Jahren Menschheitsgeschichte, 11.000 Münzen, 2.400 Medaillen, 1.400 militärischen Objekten und 800 Möbeln. Die Exponate werden vor allem in wechselnden Ausstellungen gezeigt.

Kulturhistorisches Museum Magdeburg,
Otto-von-Guericke Straße 68 -73,
Öffnungszeiten: Di-Fr 10-17 Uhr, Sa, So 10-18 Uhr

107 Museum für Naturkunde

Das Museum beherbergt rund 250.000 Objekte der Geologie, der Mineralogie, der Paläontologie und der Zoologie.

Museum für Naturkunde,
Otto-von-Guericke Straße 68 -73,
Öffnungszeiten: Di-Fr 10-17 Uhr, Sa, So 10-18 Uhr

108 Museumsschiff Württemberg

Die „Württemberg" ging nach ihrer letzten Fahrt auf der Elbe 1974 als Museumsschiff auf der Rotehorn-Insel auf Dauer vor Anker. Im Innern des Dampfers informiert eine Ausstellung über die Elbschifffahrt. Ein Restaurant lädt zum Verweilen ein und bietet zugleich Öffnungszeiten bis Mitternacht.

Schiffsmuseum, Heinrich-Heine-Platz 1, Öffnungszeiten: Di 14-17 Uhr, Sa, So 11-17 Uhr

109 Puppentheater und -museum

Neben dem Puppentheater präsentiert eine Figuren-SpielSammlung in der villa p. mit über 1.000 Puppen und Objekten auf drei Etagen die Geschichte des Puppenspiels von den Anfängen bis in die Gegenwart. Neben Techniken, Materialien und Funktionen der ausgestellten Figuren werden auch die Einflüsse von Geschichte, Politik, Religion und Wissenschaft auf das Puppentheater deutlich.

Puppentheater Magdeburg, villa p, Warschauer Straße 25, Öffnungszeiten: Mi-So 11-17 Uhr

110 Technikmuseum Magdeburg

In einer ehemaligen Fabrikhalle des früheren Krupp Grusonwerkes zeigt das Technikmuseum Magdeburg Sammlungen aus den Bereichen Industrie und Handwerk, Landwirtschaft und Verkehrstechnik, die die wirtschaftliche und sozialgeschichtliche Entwicklung der Stadt Magdeburg und seiner Umgebung dokumentieren. Neben einer stationären Dreschanlage, einem Hallenkran mit Kurvenfahrwerk sowie einer transmissionsbetriebenen mechanischen Werkstatt werden Anlagen zur Serienfertigung von Besteck, zur Münzprägung und Produkte der Dreh- und Fräsmaschinen gezeigt.

Besondere Attraktionen bei der Entdeckung der 2.000 Quadratmeter großen Ausstellungsfläche des Schaudepots sind das Erfahren der Funktionsweise einer Hubbrücke, die Herstellung von Posamenten oder die traditionelle Arbeitsweise in einer Druckerei.

Technikmuseum Magdeburg, Dodendorfer Straße 65, Öffnungszeiten: Di-So 10-17 Uhr

Zwischen Brunsbüttel und Schönhausen finden Sie auf der gegenüberliegenden Elbseite folgende Sehenswürdigkeiten:

Brunsbüttel

Die Industrie- und Hafenstadt ist vor allem bekannt durch das stillgelegte Atomkraftwerk und die Schleusenanlagen des Nord-Ostsee-Kanals.

111 Heimatmuseum

In dem 1905 errichteten Patrizierhaus werden Zeugnisse der Stadtgeschichte und des Lebens an Elbe und Nordsee präsentiert. Gezeigt werden unter anderem eine voll eingerichtete Schuhmacherwerkstatt, eine Schulklasseneinrichtung, historische Haushaltsgegenstände und der Holzbootsbau auf einer ehemaligen Bootswerft.

Heimatmuseum Brunsbüttel, Markt 4, Öffnungszeiten: Do, Sa, So 14.30-17.30 Uhr,

112 Matthias-Boie-Haus

Das am Markt 12 gelegene Haus wurde 1779 als Amtssitz des Pastors errichtet. Benannt ist es nach dem in der ersten Hälfte des 17. Jahrhunderts lebenden Vogt Mathias Boie. Das historische Fachwerkhaus zählt zu den schönsten der Region.

Historischer Ortskern Brunsbüttel

Schleusen Brunsbüttel

113 Nord-Ostsee-Kanal

Der 1895 eingeweihte Kanal verbindet in Brunsbüttel die Elbmündung mit der 99 Kilometer entfernten Ostsee bei Kiel. Der Kanal ist die meistbefahrene künstliche Wasserstraße der Welt. Im Museum neben den

Kanalschleusen erläutern Schautafeln die Entstehungsgeschichte des Kanals. Zu den historischen Exponaten gehören das kaiserliche Prunkgeschirr zur symbolischen Grundsteinlegung sowie Helmtaucher-Ausrüstungen.
Kanalmuseum ATRIUM, Gustav-Meyer-Platz, Öffnungszeiten: täglich 10:30-17 Uhr

114 Atomkraftwerk Brunsbüttel

Das Atomkraftwerk Brunsbüttel gilt als eines der störanfälligsten in Deutschland. 2011 beschlossen die Umweltminister der Länder und des Bundes, das seit 2007 heruntergefahrene Atomkraftwerk dauerhaft stillzulegen.

115 Alfred-Döblin-Haus, Wewelsfleth

Das Haus in der Dorfstraße 3 wurde 1698 von Kirchspielvogt Peter Hellmann erbaut. 1970 kaufte es der Schriftsteller Günter Grass. Hier schrieb er seine Werke „Der Butt" und „Kopfgeburten" und fertigte viele Zeichnungen und Radierungen an. 1985 schenkte der Autor das Haus dem Land Berlin als Arbeitsstätte für Berliner Autoren.

Häuserzeile in Glückstadt

Glückstadt

zu Kartenseiten 14

Glückstadt ist überregional vor allem durch die traditionsreiche Matjes-Produktion bekannt. Eine Elbfähre verbindet Glückstadt mit dem niedersächsischen Wischhafen. Die Stadt wurde 1617 vom dänischen König Christian IV. als uneinnehmbare Festungs- und Hafenstadt an der Unterelbe und als Gegenpol zu Hamburg gegründet. Den Neueinwohnern versprach der König Religionsfreiheit. 1619 erhielten aus Portugal ver-

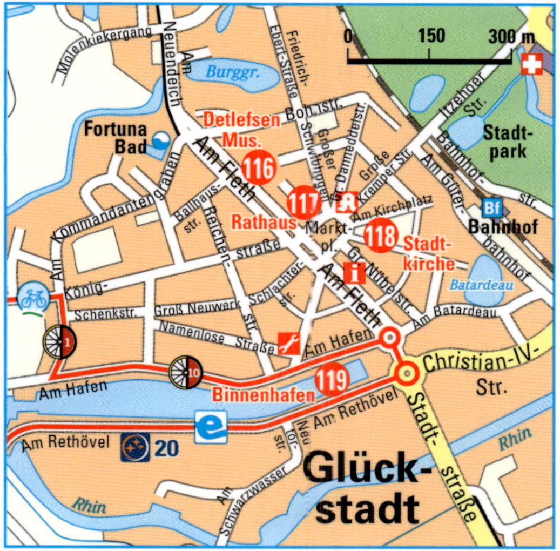

triebene und in die Niederlande geflüchtete Juden ein Privileg für die Ansiedlung in Glückstadt. 1620 kamen aus den Wirren des spanisch-niederländischen Krieges geflohene Reformierte hinzu. Der historische Stadtkern wurde auf einem exakt geplanten, annähernd sechseckigen Grundriss errichtet. Die historische Altstadt ist noch fast geschlossen erhalten.

116 Detlefsen-Museum im Brockdorff-Palais

Das Brockdorff-Palais wurde 1631/32 für den Gouverneur der Festung, den Grafen Christian Pentz errichtet. Es ist eines der wenigen erhaltenen Bauwerke aus der Gründungszeit Glückstadts.

Das Museum dokumentiert vor allem die Gründungsgeschichte von Glückstadt. Rüstungen, Kanonen, Uniformen und Fahnen zeugen von der bewegten Geschichte Glückstadts unter dänischer Herrschaft. Darüber hinaus werden Sammlungen zur Wohnkultur und Volkskunde gezeigt, unter anderem eine Bauernstube aus der Zeit um 1800, die Stadtapotheke von 1853, Produkte aus Handwerk und Gewerbe, Gemälde, Möbel, Silber, Porzellan, Schmuck und Trachten.
Detlefsen-Museum im Brockdorff-Palais, Am Fleth 43, Öffnungszeiten: Di-So 14-17 Uhr

117 Rathaus

Das im Stil der Spätrenaissance errichtete Rathaus wurde 1873 bis 1874 durch einen Neubau ersetzt, dessen Fassade dem Vorgängerbau nachgebildet wurde.

Binnenhafen Glückstadt

Markt und Rathaus, Glückstadt

118 Stadtkirche ♰

Kurz nach der Stadtgründung wurde die Kirche zwischen 1618 und 1623 am Marktplatz errichtet. Das Gotteshaus birgt eine sehenswerte frühbarocke Ausstattung mit zweistöckigem Hochaltar und breiter Empore. An der Außenmauer des Kirchturms hängt ein Anker, der 1630 von einem hamburgischen Kriegsschiff erbeutet wurde. Die Spitze des Turms bildet eine Figur der römischen Glücksgöttin Fortuna.

119 Binnenhafen

Die gesamte Häuserzeile am Binnenhafen steht unter Denkmalschutz. Zu den bedeutendsten Gebäuden zählen der historische Salzspeicher und das Königliche Brückenhaus. Auf der gegenüberliegenden Seite, am Rethövel, steht das Adelspalais mit seinem markanten Türmchen.

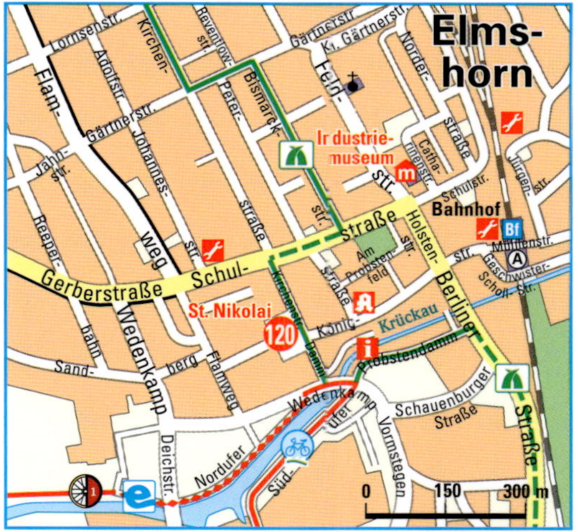

Elmshorn

zu Kartenseiten 18

120 St.-Nikolai-Kirche ♰

Das bedeutendste historische Bauwerk der Stadt ist die St.-Nikolai-Kirche mit Holzeinbauten im Stil der Walfangepoche. Im Seitenschiff hängt ein Segelschiffsmodell. Der Kirchturm wurde erst 1881/82 errichtet. Nach einem umfassenden Umbau und Renovierung wurde die Nikolai-Kirche am 23. Februar 1913 nochmals geweiht.

Wedel

zu Kartenseiten 21

Die Stadt westlich von Hamburg besitzt Norddeutschlands größten Yachthafen mit 1.950 Liegeplätzen.

121 Stadtmuseum Wedel

Im ersten Wedeler Schulhaus ist heute das Stadtmuseum untergebracht. Der spätklassizistische Bau gehört mit der Kirche und dem Pastorat zu den wenigen historischen Bauten der Stadt.

Das Museum zeigt die Stadtgeschichte von der ersten urkundlichen Erwähnung 1212 bis in die 1950er Jahre. Dabei werden verschiedene Themen wie die Arbeit der Frau in der Landwirtschaft, Milch- und Hauswirtschaft behandelt. Auch regionstypische Handwerke wie Bandreißerei und Reepschlägerei werden vorgestellt.

Stadtmuseum Wedel, Küsterstraße 5,
Öffnungszeiten: Fr-Sa 14-17 Uhr, So 11-17 Uhr

122 Schiffsbegrüßungsanlage Willkomm-Höft

Die Schiffsbegrüßungsanlage in Wedel wurde 1952 eingerichtet. Schiffe, die den Hamburger Hafen anfahren oder verlassen, werden hier begrüßt oder verabschiedet, indem die Hamburger Flagge gesenkt und das internationale Flaggensignal für „Gute Reise" mit den Buchstaben „U" und „W" gehisst wird. Bei größeren Schiffen wird tagsüber darüber hinaus die Nationalhymne ihres Heimatlandes gespielt. Besucher werden durch Lautsprecher über das jeweilige Schiff kurz informiert.

123 Ernst Barlach Museum

Das Museum verfügt über eine repräsentative Sammlung an Skulpturen, Zeichnungen, Holzschnitten, Lithografien, Briefen und Manuskripten Ernst Barlachs. Neben zahlreichen Skulpturen aus allen Schaffensphasen werden auch die großen druckgrafischen Zyklen zu eigenen dramatischen Texten gezeigt.

Ernst Barlach Museum, Mühlenstraße 1,
Öffnungszeiten: Di-So. 11-18 Uhr

Geesthacht

zu Kartenseiten 29

1865/66 gründete der schwedische Chemiker Alfred Nobel eine Fabrik für Glycerin und erfand dort das Dynamit. Im Ortsteil Krümmel entstand die erste Dynamitfabrik der Welt.

124 Geesthacht Museum

Das beeindruckende Fachwerkhaus wurde Anfang des 18. Jahrhundert als Niederdeutsches Hallenhaus errichtet. Das darin untergebrachte Museum dokumentiert die Geschichte der Stadt von den ersten Siedlern über die Dynamitfabrik bis zum Ende des Zweiten Weltkrieges.

Geesthacht Museum, Bergedorfer Straße 28,
Öffnungszeiten nur im Rahmen aktueller Ausstellungen:
Mo, Di, Do-Sa 10-12.30 u. 13.30-16 Uhr, Mi 10-12.30, So 11-15 Uhr

125 Totenhaus von Tesperhude

Das Grabmal aus der mittleren Bronzezeit um 1200 vor Christus wurde 1932 am östlichen Rand des Ortsteils Tesperhude entdeckt. In Baumsärgen waren eine junge Frau und ihr zweijähriges Kind bestattet worden. Ein darüber errichtetes hölzernes Totenhaus waren bei der Bestattungszeremonie verbrannt worden. Darüber wurde ein Erdhügel aufgeschüttet.

Bleckede

zu Kartenseiten 33

Viele gut erhaltene Fachwerkhäuser mit zum Teil reizvollen Haustüren weisen auf eine reiche Stadtgeschichte hin. 1209 wurde Bleckede durch den Welfenherzog Wilhelm als Handelszentrum an der Elbe gegründet. Zu seiner Sicherung wurde im 13. Jahrhundert eine Burg errichtet, auf deren Überresten das heutige Schloss steht.

126 Biosphaerium Elbtalaue-Schloss Bleckede

Der Nordflügel des heutigen Schlosses wurde im Jahre 1600 im Fachwerkstil der Westflügel um 1743 im Barockstil errichtet. Im Schloss sind das Informationszentrum für das Biosphärenreservat Niedersächsische Elbtalaue sowie die örtliche Tourist-Information untergebracht. Unter dem Motto „Natur erleben an der Elbe" informiert eine umfangreiche Ausstellung über die Elbtalaue. Regionale Fische zeigt ein Elbe-Aquarium. Ein 20 Meter hoher Turm bietet eine gute Aussicht über die Elbe.

Biosphaerium Elbtalaue GmbH, Schlossstraße 10,
Öffnungszeiten: Apr.-Okt. täglich 10-17 Uhr

Naturbelassenes Elbufer bei Geesthacht

127 Zwischenlager und Erkundungsbergwerk für Atommüll Gorleben

Das Atommülllager besteht aus verschiedenen Einrichtungen zur Zwischenlagerung, Weiterbehandlung und Endlagerung radioaktiver Abfälle. Derzeit gibt es südlich des Dorfes Gorleben ein Transportbehälterlager, das als Zwischenlager für Behälter mit abgebrannten Brennelementen und verglasten hochradioaktiven Abfällen dient. Hierhin werden die jährlich stattfindenden Atommülltransporte aus der französischen Wiederaufbereitungsanlage La Hague verbracht. Ein weiteres Abfalllager Gorleben dient als Zwischenlager für schwach radioaktive Abfälle, die aus dem Betrieb deutscher Atomkraftwerke und Forschungsanlagen stammen. Ein Erkundungsbergwerk soll einen Salzstock im Untergrund auf seine Eignung als Endlager für radioaktive Abfälle prüfen. Die Frage der Eignung ist stark umstritten und derzeit ungeklärt.

128 Funkübertragungsstelle Höhbeck

zu Kartenseiten 39

Die Rundfunk- und Richtfunkübertragungsstelle Sender Gartow in Höhbeck bei Gartow diente während der deutschen Teilung zur Übertragung von Telefongesprächen zwischen der Bundesrepublik und West-Berlin. Die Anlage verfügte über zwei Antennenträger von 324 beziehungsweise 344 Meter Höhe. Die Richtfunkstrecke nach Berlin-Frohnau betrug 133 Kilometer. Bis zum 1. Juli 2008 wurde von der Sendeanlage auch analoges Fernsehen ausgestrahlt.

Schnackenburg

zu Kartenseiten 40

Bis zur Wiedervereinigung war Schnackenburg auf westdeutscher Seite Grenzstadt und Zollstation mit einem Schutzhafen für die Binnenschifffahrt. Die Elbtalaue rund um Schnackenburg ist ein Naturschutz- und Erholungsgebiet mit seltenen Pflanzen und Vögeln, wie zum Beispiel Seeadler und Schwarzstorch.

129 Grenzlandmuseum

Neben Uniformen und Ausrüstung der Grenztruppen der DDR werden auch Uniformen und Ausrüstungsgegenstände der westdeutschen Zöllner und Bundesgrenzschutz-Beamten gezeigt.

Grenzlandmuseum, Am Markt 3,
Öffnungszeiten: Mai bis Aug. tägl. 10-17 Uhr,
April Di-So 10-17 Uhr, Sept.-Okt. tägl. 10-16 Uhr

Gedenk- und Begegnungsstätte Stresow

Die nur wenige Kilometer entfernte Gedenk- und Begegnungsstätte Stresow ist Bestandteil des Grenzlandmuseums.

Das Dorf Stresow wurde von 1972 bis 1974 dem Erdboden gleichgemacht, nachdem die Bewohner zwangsausgesiedelt worden waren. Zur Anlage der Gedenk- und Begegnungsstätte gehören unter anderem die Darstellung der damaligen Grenzbefestigungsanlagen der DDR in Originalgröße: Grenz-, Signal- und Sperrzaun, ein Beobachtungsbunker, ein Kolonnenweg, Lichttrassen, eine Sprechsäule mit Grenzmeldenetz und ein Kraftfahrzeugsperrgraben.

Grenz- und Naturerlebnispfad Schnackenburg-Gartow

Ein zehn Kilometer langer Lehrpfad folgt dem Streckenverlauf der ehemaligen innerdeutschen Grenze. Von den ehemaligen Grenzüberwachungs- und Sicherungsanlagen der DDR sind noch Minengürtel, Grenzwachturm, Grenzpfähle sowie die einstige Grenzübergangsstelle Kapern-Bömenzien zu sehen.

Schönhausen (Elbe)

zu Kartenseiten 50

Schönhausen wurde im 13. Jahrhundert vom Bischof von Havelberg gegründet. Ältestes Gebäude des Ortes ist die 1212 geweihte romanische Backsteinkirche mit einem beeindruckenden Westwerk. 1562 wurde der Ort Eigentum der Bismarcks. Diese bauten zu Beginn des 18. Jahrhunderts zwei Schlösser. Am 1. April 1815 wurde in Schönhausen Otto von Bismarck geboren. Seine Familie zog allerdings im folgenden Jahr nach Pommern. Nach dem Tod seines Vaters 1845 übernahm Bismarck das Gut. Rittergut und Schloss wurden 1945 entschädigungslos enteignet. Am 2. August 1958 wurde eines der Schlösser gesprengt. Das zweite Schloss ist erhalten und wird seit 1950 als Schule genutzt. Im barocken Park stehen noch Sandsteinstatuen.

130 Bismarck-Museum

Das 1998 eingerichtete Bismarck-Museum ist in einem erhaltenen Seitenflügel des Schlosses untergebracht und zeigt originale Einrichtungsgegenstände des Schlosses sowie eine große Sammlung von Medaillen mit dem Porträt Otto von Bismarcks.
Bismarck-Museum, Bismarckstraße 2,
Öffnungszeiten: Di 10-13 u. 14-15.30 Uhr

Rogätz

zu Kartenseiten 55

131 Burg Rogätz

Der über 900 Jahre alte und 32 Meter hohe Klutturm ist der nach dem Dreißigjährigen Krieg erhalten gebliebene Rest der ehemaligen Rogätzer Burg. Er ist aus Findlingssteinen errichtet und erstreckt sich über drei Geschosse. Er wurde als Wohnturm genutzt und dient heute als Ausstellungsraum und Aussichtsturm.

Die im Kern mittelalterliche Gutskirche mit romanischen und spätgotischen Bauelementen wurde nach Zerstörungen im Dreißigjährigen Krieg wieder aufgebaut. Ihr massiver dreigeschossiger Westturm prägt das Zentrum des Ortes. Die Kirche birgt eine wertvolle Ausstattung aus dem 17. und 18. Jahrhundert.

Ältestes Gebäude in Schönhausen: die romanische Backsteinkirche

Informationsstellen

Für die Gesamtstrecke ist verantwortlich:

Koordinierungsstelle Elberadweg Nord, c/o Herzogtum Lauenburg Marketing und Service GmbH, Elbstraße 59, 21481 Lauenburg/Elbe, Tel. 04542/856862, nord@elberadweg.de, www.elberadweg.de.

Koordinierungsstelle Elberadweg Mitte, c/o Magdeburger Tourismusverband Elbe-Börde-Heide e.V., Domplatz 1 b, 39104 Magdeburg, Tel. 0391/738790, mitte@elberadweg.de, www.elberadweg.de

Weitere Informationsstellen:

CUX-Tourismus GmbH, Am Bahnhof 1, 27472 Cuxhaven, Tel. 04721/404 209, bahnhof@tourismus.cuxhaven.de, www.cux-point.de

Tourist-Information, Wallstraße 12, 21762 Otterndorf, Tel. 04751/919131, www.otterndorf.de, touristik@otterndorf.de

Tourismuszentrale Wingst, Hasenbeckallee 1, 21789 Wingst, Tel. 04778/81200, urlaub@wingst.de, www.wingst.de

Touristinformation Glückstadt, Große Nübelstraße 31, 25348 Glückstadt, Tel. 04124/93 75 85, info@glueckstadt-tourismus.de, www.glueckstadt-tourismus.de

Tourist-Info, Gustav-Meyer-Platz 2, 25541 Brunsbüttel, Tel. 04852/39 11 86, touristinformation@stadt-brunsbuettel.de, www.brunsbuettel.de

Wilstermarsch Service GmbH, Kohlmarkt 49, 25554 Wilster, Tel. 04823/9215950, info@wilstermarsch-service.de, www.wilstermarsch-service.de

Glückstadt Destination Management GmbH, Große Nübelstraße 31,25348 Glückstadt, Tel.: 04124/937585, info@glueckstadt-dm.de, www.glueckstadt-tourismus.de

Haseldorf (Tourist-Info), Hauptstraße 26, 25489 Haseldorf, Tel. 04129/955490, info@elbmarschenhaus.de, www.elbmarschenhaus.de

Touristikverein Kehdingen, Stader Straße 175, 21737 Wischhafen, Tel. 04770/831129, info@tourismus-kehdingen.de, www.tourismus-kehdingen.de

Stade Marketing und Tourismus GmbH, Hansestraße 16, 21682 Stade, Tel. 04141/77698-0, info@stade-tourismus.de, www.stade-tourismus.de

Tourismusverband Landkreis Stade/Elbe e.V., Kirchenstieg 30, 21720 Grünendeich, Tel. 04142/88976-0, info@tourismusverband-stade.de, www.urlaubsregion-altesland.de

Tourist-Info Altes Land, Osterjork 10, 21635 Jork, Tel. 04162/91 47 55, info@tourismus-altesland.de, www.tourismus-altesland.de

Tourist-Info Drochtersen, Drochterser Straße 139, 21706 Drochtersen, Tel. 04143/912140, tourist@tourismus-kehdingen.de, www.tourismus-kehdingen.de

Servicecenter Kultur & Tourismus, Historisches Rathaus, Breite Straße 2, 21614 Buxtehude, Tel. 04161/501-2345, stadtinformation@stadt.buxtehude.de, www.buxtehude.de

Wedel Marketing e.V., Rathausplatz 3-5, 22880 Wedel, Tel. 04103/707 707, info@wedelmarketing.de, www.wedel.de

Hamburg Tourismus GmbH, Wexstraße 7, 20355 Hamburg, Tel. 040/300 51 701, www.hamburg-tourism.de

Tourist Information Winsener Elbmarsch, Schloßplatz 11, 21423 Winsen (Luhe), Tel. 04171/657281, touristinfo@winsener-elbmarsch.de, www.winsener-elbmarsch.de

Tourist-Information, Bergedorfer Straße 28, 21502 Geesthacht, Tel. 04152/836258, touristinfo@geesthacht.de, www.herzogtum-lauenburg.de/geesthacht

Tourist-Information Lauenburg/Elbe, Elbstraße 59, 21481 Lauenburg/Elbe, Tel. 04153/5909220, touristik@lauenburg-elbe.de, www.herzogtum-lauenburg.de/lauenburg

Stadtinformation, Markt 14, 19258 Boizenburg/Elbe, Tel. 038847/335354, stadtinfo@boizenburg.de, www.boizenburg.de

Dömitz Tourist-Information, Rathausplatz 1, 19303 Dömitz, Tel. 038758/22112, tourismus@doemitz.de, www.doemitz.de

Touristeninformation Lenzener Elbtalaue, Berliner Straße 7, 19309 Lenzen, Tel. 038792/ 7302, lenzen-info@t-online.de, www.elbe-urlaub.de

Wendland Touristik GmbH, Lübeln 2, 29482 Küsten, Tel. 05841/96290, info@elbtalaue-wendland.de, www.elbtalaue-wendland.de

Wendland Elbe, info@wendland-elbe.de, www.wendland-elbe.de

Tourist-Information Gartow, Springstraße 14, 29471 Gartow, Tel. 05846/333, touristinfo@gartow.de, www.gartow-erleben.de

Tourismusverband Prignitz e.V., Großer Markt 4, 19348 Perleberg, Tel. 03876/30741920, info@dieprignitz.de, www.dieprignitz.de

Touristinformation Wittenberge, Paul-Lincke-Platz 1, 19322 Wittenberge, Tel. 03877/929181, touristinfo@kfh-wbge.de, www.wittenberge.de

Touristinformation Seehausen, Arendseer Str. 6, 39615 Seehausen (Altmark), Tel. 039386/54783, info@stadt-seehausen.de, www.seehausen-altmark.de

Tourist-Information der Hansestadt Havelberg, Uferstraße 1, 39539 Hansestadt Havelberg, Tel. 039387/79091, tourist-information-havelberg.de, www.havelberg.de

Tourist-Information Werben, Marktplatz 1, 39615 Hansestadt Werben(Elbe), Tel.039393/92755, touristinfo-werben@t-online.de, www.werben-elbe.de

Altmärkischer Regionalmarketing- und Tourismusverband, Marktstrasse 13, 39590 Tangermünde, Tel. 039322/72 60 0, info@altmark.de, www.altmark.de

Tangermünder Tourismusbüro, Markt 2, 39590 Tangermünde, Tel. 039322/22393, buero@tourismus-tangermuende.de, www.tourismus-tangermuende.de

Tourismusbüro Arneburg, Breite Straße 15, 39596 Arneburg, Tel. 039321/51817, tourismus@arneburg-goldbeck.de, www.stadt-arneburg.de

Tourist-Information Burg, Bahnhofstraße 10, Tel. 03921/636 92 90, info@touristinfo-burg.de, www.touristinfo-burg.de

Tourist Information Genthin, Dattelner Str. 1, 39307 Genthin, Tel. 03933/802225, info@touristinfo-genthin.de, www.touristinfo-genthin.de

Magdeburger Tourismusverband Elbe-Börde-Heide e.V., Domplatz 1 b, 39104 Magdeburg, Tel. 0391/738790, info@elbe-boerde-heide.de, www.elbe-boerde-heide.de

Tourist Information Magdeburg, Breiter Weg 22, 39104 Magdeburg, Tel. 0391/63601-402, info@visitmagdeburg.de, www.visitmagdeburg.de

Fahrradwerkstätten am Elberadweg Nord

Cuxhaven
- Zweirad und Motoren Center Cuxhaven, Strichweg 86, Tel. 0 47 21 / 50 07 40, zmc-cux@t-online.de
- Küstenräder & Lastensegler Cuxhaven, Strichweg 35, Tel. 0 47 21 / 4 36 37 60, info@lastensegler.com
- Drahtesel Fahrräder, Deichstraße 17, Tel. 01 62 / 8 91 39, drahteselfahrraeder@gmail.com
- Rad & Tour, Schillerstraße 45, Tel. 0 47 21 / 74 92 10, info@radundtour.de
- Fahrrad-Zörner, Schillerstr. 66, Tel. 0 47 21 / 3 73 90

Otterndorf
- NordWestRad, Cuxhavener Landstraße 3a, Tel. 0 47 51 / 9 91 07 88

Cadenberge
- Fahrradhalle Schlüer, Gewerbestr. 2, Tel. 0 47 77 / 93 20 53, fahrradhalle-schlueer@t-online.de

Brunsbüttel
- Küstenrad Brunsbüttel, Koogstraße 1, Tel. 0 48 52 /5 37 35 55, team@kuestenrad-koogstrasse.de

Wilster
- Zweiradhaus Lamberty, Burger Straße 15, Tel. 0 48 23 / 82 16, info@fahrrad-lamberty.de

Glückstadt
- Radhus Horn, Große Deichstraße 15, Tel. 0 41 24 / 57 35, info@radhus-horn.de

Elmshorn
- Fahrrad & Meer, Mühlenstr. 39, Tel. 0 41 21 / 8 74 27, info@fahrradundmeer.de
- Fahrrad-Fachgeschäft Kay Burmeister, Schulstraße 47, Tel. 0 41 21 /2 05 11, info@fahrrad-burmeister.de
- Fahrradservice Freilauf II, Bauerweg 3, Tel. 0 41 21 / 87 08 33, freilauf@brueckeelmshorn.de
- Die Fahrrad-Börse, Langelohe 65, Tel. 0 41 21 / 7 64 63, info@die-fahrradboerse.de

Wischhafen
- Diercks GmbH, Birkenstraße 80, Tel. 0 47 70 / 83 10 40, info@diercks-wischhafen.de

Stade
- Das Radhaus, Bremervörder Str. 78, Tel. 0 41 41 / 41 05 41, Radhausstade@gmx.de
- Fahrrad Brandt, Freiburger Strasse 45, Tel. 0 41 41 / 92 26 69, info@fahrrad-brandt.de
- Fahrrad Garage Stade, Altländer Str. 19, Tel. 0 41 41 /9 91 44 99, kontakt@fahrrad-garage-stade.de
- Zweirad Fachgeschäft Kerst, Bremervörder Straße 67, Tel. 0 41 41 / 31 93, zeg@zweirad-fachgeschaeft-kerst.de

Grünendeich
- Cycling-Stop, Fährstraße 4, Tel. 01 74 / 7 35 32 62, info@cycling-stop.de

Hamburg-Blankenese
- Fahrradladen Rothe, Dormienstraße 4, Tel. 0 40 / 86 50 20, service@fahrrad-rothe.de
- Zweiradshop Lieb, Osdorfer Landstraße 216, Tel. 0 40 /6 41 71, service@zweiradshop-lieb.de

Hamburg-Groß-Flottbek
- Schuppe und Speiche, Osdorfer Weg 110, Tel. 0 40 / 89 07 06 06

Hamburg-Ottensen
- rad und tat, Am Felde 2, Tel. 0 40 / 39 56 67, info@radundtathh.de
- Radladen, Friedensallee 83, Tel. 0 40 / 85 40 04 12, info@radladen-hamburg.de

Hamburg-Altona
- Radsport Cyclefactory, Max-Brauer-Allee 36, Tel. 0 40 / 38 08 65 33, info@cyclefactory.de
- Der Fahrradladen Altona, Behringstraße 89, Tel. 0 40 / 3 90 38 24, mail@derfahrradladenaltona.de

Hamburg-St.Georg
- Fahrradladen St.Georg, Schmilinskystr. 6, Tel. 0 40 / 24 39 08, fahrradladen-st-georg@web.de

Geesthacht
- Zweirad-Zentrum Jonni Baar, Schillerstraße 32, Tel. 0 41 52 / 36 67

Lauenburg/Elbe
- Webers Fahrradshop, Büchener Weg 4, Tel. 0 41 53 / 5 98 40 00, info@webers-fahrradshop.de

Winsen (Luhe)
- Bike Park Timm, Luhdorfer Str. 21, Tel. 0 41 71 / 70 51 20, info@bike-park.de

Tespe
- Burkhard's Fahrrad-Reparatur, Erlenring 15, Tel. 01 79 / 7 39 06 38

Boizenburg/Elbe
- Both-Motor GmbH & Co. KG, Berliner Str. 2, Tel. 03 88 47 / 5 24 47, both-motor@arcor.de

Bleckede
- Weber Fahrradshop, Breite Str. 6, Tel. 0 58 52 / 12 72, info@webers-fahrradshop.de

Amt Neuhaus
- Göldner Freizeitmarkt, Poststr. 17, 19273 Neuhaus, Tel. 03 88 41 / 2 11 37, goeldnerfreizeitmarkt@gmail.com

Hitzacker (Elbe)
- Fahrradwerft Hitzacker, Drawehnertorstraße 10, Tel. 0 58 62 / 9 87 57 65, alex.boncourt@web.de

Dannenberg/Elbe
- Fahr-Rad Borchmann, Werder 2, Tel. 0 58 61 / 97 93 16, fahr-rad@s-borchmann.de

Dömitz
- Fahrrad Behncke, Friedrich-Franz-Str. 21, Tel. 03 87 58 / 2 25 43, post@fahrrad-behncke.de

Gartow
- Fahrradtouristik Gartow, Hauptstrasse 19, 29471 Gartow, Tel. 0 58 46 / 93 10, kontakt-gartow@firma-behrens.de

Lenzen (Elbe)
- Fahrräder, Forst- & Gartentechnik, Friedrich-Ludwig-Jahn-Str. 26, Tel. 03 87 92 / 75 16, info@ffg-lenzen.de

Wittenberge
- Fahrrad Raugsch, Am Stern 3, Tel. 0 38 77 / 9 57 48 26, steffen.raugsch@googlemail.com
- Fahrrad Schukat , Rathausstraße 55, Tel. 0 38 77 / 6 11 53, webmaster@fahrrad-schukat.de

Havelberg
- Fahrradhaus Hubeny, Pritzwalker Straße 43, Tel. 03 93 87 / 8 87 97, info@fahrradhaus-hubeny.de

Tangermünde
- Service-Center-Gerike, Stendaler Straße 45, Tangermünde, Tel. 03 93 22 / 7 26 60, d.gerike@web.de

Tangerhütte
- Fahrzeughaus Bergemann, Neustädter Ring 71, Tel. 03935/213721

Magdeburg
- FAHRRAD MAGDEBURG Büchner GmbH, Hasselbachstraße 8, Tel. 03 91 / 5 55 60 40, info@fahrrad-magdeburg.de
- Little John Bikes, Alter Markt 13, Tel. 03 91 / 5 55 62 03, magdeburgmitte@littlejohnbikes.de
- Mattbike Rad-Center, Alt Fermersleben 53, Tel. 03 91 / 4 04 88 55, mattbike-radcenter@web.de
- Rad der Stadt Magdeburg, Schönebecker Str. 103, Tel. 03 91 / 55 72 02 70, info@rad-der-stadt-magdeburg.de
- RadMitte, Goldschmiedebrücke 11, Tel. 03 91 / 55 72 17 21, info@radmitte.de
- Zweirad SCHULZ, Breiter Weg 38, Tel. 03 91 / 5 31 45 45, flick@zweiradschulz.de
- Koch & Sohn, Simonstr. 2, Tel. 03 91 / 5 72 09
- eldoRADo Zweirad GmbH, Heinrichstraße 11, Tel. 0391 24454, shop@eldorado-bike.de-71werkstatt
- Fahrradladen Radmaxx Magdeburg, Olvenstedter Chaussee 104, Tel. 03 91 / 74 49 75 08

Elbtalaue

Übernachtungs-verzeichnis

Die radfreundlichen Unterkünfte in diesem Radreiseführer erfüllen alle vom ADFC vorgegebenen Kriterien für radfreundliche Beherbergungsbetriebe. Dazu zählen z. B.

- Übernachtung für nur eine Nacht
- abschließbare Fahrradaufbewahrung
- Trockenmöglichkeit für nasse Kleidung
- reichhaltiges Frühstück
- Fahrrad-Flickzeug und Kontakt zu Fachwerkstätten
- Lunchpaket-Service.

Darüber hinaus sind die Unterkünfte nicht weiter als 2,5 km vom Elberadweg entfernt. Die Auswahl an Unterkünften am Elberadweg reicht vom Campingplatz über Privatzimmer, Pensionen und Jugendherbergen bis zum Fünf-Sterne-Hotel.

Die radfreundlichen Unterkünfte erkennen Sie am nebenstehenden Logo bzw. am »Bett & Bike«-Logo bei denjenigen Betrieben, die vom ADFC zusätzlich entsprechend zertifiziert sind. Diese Betriebe finden Sie zudem mithilfe einer Nummer in der Karte wieder.

Folgende Preiskategorien (unverbindlich, zur Vorauswahl) haben wir für Sie ausgewählt: 1 = bis 30€, 2 = 31 bis 40 €, 3 = über 40 € (Preis pro Übernachtung, eine Person im Doppelzimmer).

Das Kürzel (W) oder (O) hinter den Ortsnamen gibt an, ob der Ort westlich oder östlich der Elbe liegt.

Otterndorf (W)
- Campingplatz See Achtern Diek, Am Campingplatz 3, Tel. 04751 / 2933, www.campingplatz-otterndorf.de, Kat. 1 — 1
- Gästehaus zur Linde, Müggendorfer Straße 88, Tel. 04751 / 9094505, service@ferienresidenz-otterndorf.de

Cuxhaven - Duhnen (W)
- Jugendherberge Cuxhaven - Duhnen, Schlensenweg 2, Tel. 04721 / 48552, cuxhaven.jugendherberge.de, Kat. 2 — 2

Cuxhaven (W)
- NORDSEE-Hotel Deichgraf Cuxhaven, Nordfeldstr. 16-20, Tel. 04721 / 4050, info@deichgraf.com, Kat. 2 bis 3
- BEST WESTERN Hotel Das Donners, Am Seedeich 2, Tel. 04721 / 5090, www.donners.bestwestern.de, Kat. 4 — 3

Cuxhaven - Sahlenburg (W)
- Campingplatz Strandgut - Die Kiterei, Nordheimstr. 134, Tel. 04721 / 29433, www.campingplatz-strandgut.de, Kat. 1-2 — 4
- Hotel Muschelgrund, Muschelgrund 1, Tel. 04721 / 2090, www.muschelgrund.de — 5

Otterndorf (W)
- Jugendherberge Otterndorf, Schleusenstr. 147, Tel. 04751 / 3165, otterndorf.jugendherberge.de, Kat. 1-2 — 6
- Hotel Am MedemUfer GmbH, Goethestr. 15, Tel. 04751 / 99990, www.hotel-am-medemufer.de, Kat. 4 — 7
- Hotel Restaurant Zur Post, Cuxhavener Str. 32a - 34, Tel. 04751 / 911000, www.hotel-zur-post-otterndorf.de/, Kat. 2-3 — 8
- Altstadthotel-Eibsen, Marktstr. 33, Tel. 04751 / 2773, www.altstadthotel-eibsen.de, Kat. 4 — 9
- Ferienhaus „Helgoland", Scholienstr. 14, Tel. 04725 / 7829, Kat. 2 bis 3
- Ferienhaus am Norderwall, Marktstraße 7, Tel. 0152/08798705, haus-norderwall@web.de, Kat. 3

Neuhaus (Oste) (W)
- Hafenblick B&B Neuhaus /Oste, Schleusenstr. 2, hafenblickneuhaus.jimdofree.com, Kat. 1-2 — 10

Balje (W)
- Gut Hörne, Hörne-West 46, Tel. 04753 / 362, info@guthoerne.de, Kat. 3 — 11
- „Alte Schule", Schulstraße 1, Tel. 04852 / 969712, Kat. 1

St. Margarethen /Elbe (O)
- Hotel Elbmühle, Hauptstraße 26, Tel. 04858 / 188804
- Hotel Margarethenhof, Dorfstraße 23, Tel. 04858 / 18806, hotelmargarethenhof@t-online.de, Kat. 2

Wingst (W)
- Peters Das Genusshotel in der Wingst, Bahnhofstr. 1, Tel. 04778 / 279, peters-wingst.de — 12
- Jugendherberge Wingst, Molkereistraße 11, Tel. 04778 / 262, wingst@jugendherberge.de

Balje-Hörne (W)
- Privatzimmer Bergmann , Hörne-West 1, Tel. 04753 / 764, bergmannbalje@t-online.de

Hörne (W)
- Gasthaus Zwei Linden, Itzwördener Str. 4, Tel. 04753 / 84300, info@hotel-zwei-linden.de

Oederquart (W)
- „Witt`s Gasthof zur Post", Dorfstr. 60, Tel. 04779 / 8686, www.zur-post-oederquart.de, Kat. 2 — 13

Freiburg (W)
- Ferienwohnung Neuensteden, Neuensteden 25, Tel. 04779 / 925279, www.fewo-neuensteden-freiburg-elbe.de, Kat. 1 — 14
- Gut Schöneworth, Landesbrücker Str. 42, Tel. 04779 / 92350, www.gut-schoeneworth.de, Kat. 3-4 — 15

Haselau (O)
- Haselauer Landhaus, Dorfstraße 10, Tel. 04122 / 98710, info@haselauer-landhaus.de

Borsfleth - Ivenfleth (W)
- Ausflugslokal „Zur Störmündung", Ivenfleth 6, Tel. 04124 / 89141, pension-zur-stoermuendung.de, Kat. 2 — 16

Wischhafen - Hamelwörden (W)
- Hommelperle, Brammerweg 6, Tel. 04770 / 8099998, www.hommelperle.de, Kat. 3 — 17

Wischhafen (W)
- Fährhaus Wischhafen, Fährstr. 16, Tel. 04770 / 7172, faehrhaus-wischhafen.de, Kat. 2 — 18

Wischhafen - Neulandermoor (W)
- Gasthaus Charly Drewes, Birkenstr. 65, Tel. 04770 / 7162, www.gasthaus-kehdingen.de — 19

Glückstadt (O)
- Jugendherberge (JH) Glückstadt, Am Rethövel 14-15, Tel. 04124 / 604455, glueckstadt.jugendherberge.de, Kat. 2 — 20
- Bed & Breakfast Peschel, Herzhorner Straße 7, Tel. 04124 / 932888, Kat. 2 — 21

- Blaues Haus, Drosselstraße 15, Tel. 04124 / 1746, blaueshaus-info.de, Kat. 2 22
- Pension Glückstadt, Flensburger Str. 2, Tel. 01578 / 5075640, info@glueckstadt-pension.de
- Gästehaus Eyland, Am Kirchplatz 17, Tel. 04124 / 588992, info@gaestehaus-eyland.de
- Pension am Hafen 19, Am Hafen 19, Tel. 04124 / 4906, kontakt@pension-am-hafen.de
- Cafe Klingbeil, Am Markt 7, Tel. 04124 / 7979, Cafe-Klingbeil@t-online.de

Drochtersen (W)

- Bäckerei - Café - Hotel Am Rathaus, Sietwender Str. 22, Tel. 04143 / 911830, feinstebackkunst.de/de/hotel-drochtersen.de.html, Kat. 2 23
- Campingplatz Krautsand am Elbstrand, Krautsand 58, Tel. 04143 / 1494, info@campingplatz-krautsand.de
- Camping am Leuchtturm, Leuchtturmweg 5a, Tel. 04143 / 5522, info@camping-krautsand.de

Drochtersen – Krautsand (W)

- Elbstrand Resort Krautsand GmbH Co. KG, Zur Elbaussicht 16, Tel. 04143 / 9120600, www.elbstrand-resort.de/, Kat. 3-4 24

Kollmar /Elbe (O)

- Boutique Hotel Gut Bielenberg, Bielenberg 6, Tel. 04128 / 8373133, gutbielenberg.de/, Kat. 4 25

Stade (W)

- Vier Linden Kiek In Hotel, Schölischer Str. 63, Tel. 04141 / 927-02, info@hotel-vierlinden.de, Kat. 3
- Kiek in Hotel „Zur Einkehr“, Freiburger Str. 82, Tel. 04141 / 2325, www.hotelzureinkehr.de, Kat. 2-3 26
- Jugendherberge Stade, Kehdinger Mühren 11, Tel. 04141 / 46368, stade.jugendherberge.de, Kat. 2 27
- Hotel am Fischmarkt, Fischmarkt 2, Tel. 04141 / 44962, info@hotel-am-fischmarkt.de, Kat. 2 bis 3
- Ipsen InStadtAppartements, Wallstraße 28, Tel. 04141 / 43344, info@fewo-in-stade.de

Hollern-Twielenfleth (W)

- Altländer Ferienwohnung, Mühlenstr. 1, Tel. 04141 / 403930, info@altlaender-ferienwohnung.de, Kat. 1 bis 2
- Altländer Obsthof, Hollernstr. 97, Tel. 04141 / 7220, www.altlaenderobsthof.de, Kat. 2 28

Haselau - Altendeich (O)

- Dat lüttje Diekhus, Audeich 27, Tel. 04129 / 955988, kontakt@datluettjediekhus.de, Kat. 2 bis 3 35

Haselau (O)

- Haselauer Landhaus, Dorfstraße 10, Tel. 04122 / 98710, info@haselauer-landhaus.de, Kat. 2 bis 3

Uetersen (O)

- PARKHOTEL-Rosarium, Berliner Straße 10, Tel. 04122 / 92180, info@parkhotel-rosarium.de, Kat. 3

Grünendeich (W)

- Pension Hessbögel, Lühedeich 1, Tel. 0175/5979653, hessboegel.pension@gmail.com, Kat. 3

Steinkirchen (W)

- Restaurant Café & Hotel Windmüller, Kirchweg 3, Tel. 04142 / 819814, Kat. 3

Guderhandviertel (W)

- Campingplatz Nesshof, Nessstr. 32, Tel. 04142 / 810395, www.nesshof.de/camping, Kat. 1 29

Jork - Wisch (W)

- Pension auf dem Obsthof Hauschildt, Wisch 27, Tel. 04162 / 393, www.pension-hauschildt.de/, Kat. 2 30

Jork (W)

- Hotel Altes Land GmbH & Co.KG, Schützenhofstr. 16, Tel. 04162 / 91460, hotel-altes-land.de, Kat. 3-4 31

Jork - Osterladekop (W)

- Apartment Osterladekop, Osterladekop 35, Tel. 0176 / 23248481, Kat. 2 32

Mittelnkirchen (W)

- Gasthaus Op´n Diek, Dorfstraße 128, Tel. 04142 / 2354, info@opn-diek.de

Wedel - Schulau (O)

- Hotel Senator Marina, Hafenstraße 28, Tel. 04103 / 80770, info@hotel-senator-marina.de, Kat. 3

Wedel (O)

- Hotel Freihof am Roland, Am Marktplatz 6, Tel. 04103 / 1280, reservierung@freihof-hotel.de

Hamburg - Altona (O)

- Hotel CENTRAL, Präsident-Krahn-Straße 15, Tel. 040 / 306150, central@raphaelhotels.de, Kat. 2 bis 3
- Schanzenstern-Altona GmbH, Kleine Rainstraße 24-26, Tel. 040 / 39903030, www.schanzenstern.com, Kat. 3 33

Hamburg - Horn (O)

- Jugendherberge (JH) Hamburg „Horner Rennbahn“, Rennbahnstraße 100, Tel. 040 / 5701590, hamburg-horn.jugendherberge.de, Kat. 2 34

Hamburg - Ochsenwerder (O)

- Bed- and Breakfastpension „Deichnest“, Eichholzfelder Deich 14, Tel. 040 / 7374428, www.deichnest.de, Kat. 2 35
- Ochsenwerder Vogelhaus, Eichholzfelder Deich 19, www.ochsenwerder-vogelhaus.de, Kat. 2 36

Hamburg - Neustadt (O)

- Kleinhuis Hotel Baseler Hof, Esplanade 11, Tel. 040 / 359060, baselerhof.de, Kat. 3-4 38

Hamburg - Kirchwerder (O)

- Vierländerei Pension & Restaurant, Kirchwerder Elbdeich 122, Tel. 040 / 79319444, www.pensionkirchwerder.de, Kat. 2 39
- Ferienwohnung Elbdeich, Kirchwerder Elbdeich 3, Tel. 040 / 7239655, www.ferienwohnung-elbdeich.com, Kat. 1 40

Hamburg - Curslack (O)

- Ferienhaus Anke Rohloff, Curslacker Heerweg 63, Tel. 040 / 7206822, Kat. 1

Hamburg - Altengamme (O)

- Achtern Elvdiek, Altengammer Elbdeich 102, Tel. 040 / 7235187, Kat. 2

Hamburg (O)

- Haus Anna Elbe GmbH, Altengammer Hauptdeich 82, Tel. 040 / 41928873, www.haus-anna-elbe.de, Kat. 1-4 37
- Deutsche Seemannsmission in Hamburg e.V., Krayenkamp 5, Tel. 040 / 370960, info@seemannsheim-hamburg.de
- Jugendherberge auf dem Stintfang, Alfred-Wegner-Weg 5, Tel. 040 / 5701590, stintfang@jugendherberge.de
- Best Western Raphael Hotel Altona, Präsident-Krahn- Straße 13, Tel. 040 / 380240, info@altona.bestwestern.de
- Deichnest, Eichholzfelder Deich 14, Tel. 040 / 7374428, info@deichnest.de
- Zollenspieker Fährhaus, Zollenspieker Hauptdeich 141, Tel. 040 / 7931330, info@zollenspieker-faehrhaus.de
- Hiltrud Hesse KG- Hotel Blankenese, Schenefelder Landstraße 164, Tel. 040 / 87083814, reservierung@hotel-blankenese.de
- Fährhaus Tatenberg, Tatenberger Deich 162, Tel. 040 / 7372227, service@faehrhaus-tatenberg.de
- Wein- und Friesenstube, Ochsenwerder Kirchdeich 10, Tel. 040 / 7374198, restaurant@friesenstube.hamburg

Winsen /Luhe - Hoopte (W)

- Sievers' Gasthaus, Hoopter Elbdeich 11, Tel. 04171 / 2598, www.sieversgasthaus.de, Kat. 2 41

Drage - Stove (W)

- Campingplatz Stover Strand international Kloodt OHG, Stover Strand 10, Tel. 04177 / 430, www.camping-stover-strand.de, Kat. 1 42

Drage (W)

- Camping Land an der Elbe, Stover Strand 7, Tel. 04176 / 327, info@camping-land-online.de
- Hotel Zur Rennbahn, Stover Strand 4, Tel. 04176 / 91310, team@hotel-zur-rennbahn.de

Marschacht (W)

- Marschachter Hof, Elbuferstr. 113, Tel. 04176 / 91320, info@marschachter-hof.de

Lauenburg (O)

- Hotel Bellevue, Blumenstr. 29, Tel. 04153 / 2318, info@hotel-bellevue.de
- Zum Alten Schifferhaus, Elbstr. 114, Tel. 04153 / 58650, info@schifferhaus.de

Geesthacht (O)

- Holsteiner Hof, Hechtholz 36, Tel. 04152 / 8888862, www.holsteiner-hof-geesthacht.de, Kat. 3 43
- Holsteiner Hof Gästehaus, Hechtholz 6A, Tel. 04152 / 8888862, holsteiner-hof-geesthacht.de, Kat. 1-2 44
- Hotel-Brasserie Lindenhof, Johannes-Ritter-Straße 38, Tel. 04152 / 846784, lindenhofgeesthacht.de, Kat. 2 45
- Jugendherberge (JH) Geesthacht, Berliner Str. 117, Tel. 04152 / 2356, geesthacht.jugendherberge.de, Kat. 2 46
- Gästehaus Elbtraum, Elbstraße 48, Tel. 04153 / 5715123, info@von-herzen.de

Geesthacht - Tesperhude (O)

- Hotel und Restaurant Elbblick, Elbuferstraße 102, Tel. 04152 / 2835, www.hotel-geesthacht.com, Kat. 2-3 47

Tespe (W)

- Fährhaus Tespe, Elbuferstr. 200, Tel. 04176 / 91350, info@faehrhaus-tespe.de, Kat. 3

Hohnstorf (W)

- „Vörn Diek", Fischerzug 6, Tel. 04139 / 7996286, www.vörn-diek.de, Kat. 1 55

Lauenburg/Elbe (O)

- Gästehaus Von Herzen, Elbstr. 46, Tel. 04153 / 5715123, www.von-herzen.de, Kat. 2-3 48
- Jugendherberge (JH) Lauenburg, Am Sportplatz 7, Tel. 04153 / 2598, lauenburg.jugendherberge.de, Kat. 2 49
- Hotel Bellevue, Blumenstraße 29, Tel. 04153 / 2318, www.hotel-bellevue.de, Kat. 3 50
- Jugendherberge (JH) Lauenburg „Zündholzfabrik", Elbstraße 2, Tel. 04153 / 598880, lauenburg-zuendholzfabrik.jugendherberge.de, Kat. 2 51
- Lauenburger Mühle, Bergstraße 17, Tel. 04153 / 5890, www.hotel-lauenburger-muehle.de, Kat. 3-4 52
- Lazy-Elbfish, Elbstraße 101, www.lazy-elbfish.de, Kat. 4 53
- Muggeliges Häuschen, Graben 21, muggeligeshaeuschen.jimdofree.com, Kat. 2-3 54
- Gnasteiners, Bei der Palmschleuse 4, Tel. 04153 / 5729420, info@gnasteiners.de, Kat. 1 bis 2

Artlenburg (W)

- Elbuferfewo Artlenburg, Deichstraße 1, Tel. 0176 / 65855074, info@elbuferfewo.de

Echem (W)

- Gästezimmer Hencke, Zur Bleeke 4, Tel. 04139 / 818401, zimmervermietung-hencke.de/, Kat. 1-2 56

Hittbergen (W)

- Mühlenkate Hittbergen, Achter de Möhl 4, Tel. 04139 / 68751, Kat. 2 57

Horst (O)

- Radlerhorst, Nebenstr. 17, Tel. 0162 / 57937969, radlerhorst@hotmail.com, Kat. 1

Boizenburg (O)

- Pension „Am Schäferbrink", Schäferbrink 16, Tel. 038847 / 8115, gilbrich@t-online.de, Kat. 2
- Restaurant Stadt Boizenburg, Vor dem Mühlentor 14, Tel. 038847 / 52302, restaurant-stadtboizenburg@t-online.de, Kat. 2
- Pension am Hafen, Hamburger Straße 13, Tel. 038847 / 53091, info@pensionamhafen.de, Kat. 1
- Hotel Boizenburger Hof, Weidestraße 2, Tel. 038847 / 50093, hotel@boizenburger-hof.de, Kat. 2

Bleckede (W)

- Ferienhaus „Auf der Kleinburg", Lauenburgerstr. 23, Tel. 05852 / 1297, info@ferienhaus-auf-der-kleinburg.de, Kat. 2
- Elbhof Harnisch, Wendischthuner Str. 15, Tel. 05852 / 2945, elbhof-harnisch.de/, Kat. 3 58

- Rosenhaus, Zollstr. 32, www.rosenhaus-bleckede.de/, Kat. 2 59
- Elbhotel Bleckede, Elbstr. 5, Tel. 05852 / 4089533, www.elbhotel-bleckede.de, Kat. 4 60
- Gästehaus Christa, Dahlenburger Str. 6, gaestehaus-christa.com/, Kat. 2 61
- Haus Elbtalaue, Von-Estorffs-Weg 25, Tel. 05852 / 1221, www.haus-elbtalaue.de/, Kat. 4 62
- Elbhof Harnisch, Wendischthuner Str. 15, Tel. 05852 / 2945, info@elbhof-harnisch.de, Kat. 2
- Gästezimmer + Ferienwohnung Strathusen, Sannemannweg 1, Tel. 05852 / 3322, Kat. 1 bis 2
- Camping Elbeling, Hinter den Höfen 10, Tel. 05857 / 555, info@elbeling.de

Neu Bleckede (O)

- Altes Deichvogthaus, Am Elbdeich 10, Tel. 038844 / 21841, www.deichvogthaus.de/, Kat. 1-2 63

Bleckede - Neu Wendischthun (O)

- Radlerherberge „Alte Schule“, Neu Bleckeder Str. 6, Tel. 038844 / 21840, Kat. 1

Bleckede - Alt Garge (W)

- Knaus Campingpark Bleckede/ Elbtalaue, Am Waldbad 23, Tel. 05854 / 311, www.knauscamp.de/bleckede.html, Kat. 1-3 64
- Privatpension Kley, Göddinger Str. 22, Tel. 05854 / 1685, Kat. 1 65

Bleckede – Garze (W)

- „Hof Kruse“, Große Str. 68, Tel. 05852 / 703, www.hof-kruse.de, Kat. 2-4 66

Neu Darchau - Katemin (W)

- Auszeit an der Elbe, Hauptstr. 119, Tel. 05853 / 1766, www.auszeitanderelbe.de/, Kat. 2 67

Neu Darchau (W)

- Privatzimmer Elvers, Nedderste Weg 6, Tel. 05853 / 422, Kat. 2 68
- ELB NEST, Hauptstr. 9a, Tel. 05853 / 7399047, www.elbnest.de, Kat. 2 69
- Ferienwohnung Heidrich, Hauptstraße 4, Tel. 05853 / 512
- Ferienwohnung Schramm, Am Ring 6, Tel. 05853 / 1613

Stiepelse (O)

- Haus Lichtblick, Elbstraße 10, Tel. 038844 / 235023, mail@lichtblick-stiepelse.de

Ellringen (W)

- Ferienhof & Heuhotel Trapp, Ellringer Neetzetal 30, Tel. 05851 / 7469, kraake@t-online.de

Neu Garge (O)

- Dat Göpelhus, Zur alten Schmiede 3, Tel. 038841 / 21828, info@dat-goepelhus.de, Kat. 1

Konau (O)

- Fewo Edith Trilk, Elbstraße 13, Tel. 038841 / 20116, info@die-trilks.de

Stapel (O)

- Landhaus Stapel, Wallberg 8, Tel. 038841 / 61344, www.landhaus-stapel.de, Kat. 3 70

Privelack (O)

- Privelacker Paradiesgarten, Elbstraße 4 , Tel. 0173 / 5806792, paradiesgarten@privelack.de

Darchau (O)

- Café zur Elbe, Hauptstraße 9, Tel. 038841 / 20781, von-rautenkranz@gmx.de

Glienitz (W)

- Atelier & Gästehaus Elbengarten, Elbuferstr. 333, Tel. 05858 / 978988, astridkircher@elbengarten.de

Vockfey (O)

- Gästezimmer Vockfey , Elbstraße 7, Tel. 0171 / 7835915, info@gästezimmer-vockfey.de

Stixe (O)

- Ferienhof Mayer, Landweg 3, Tel. 038845 / 41549, www.ferienhof-mayer.de/, Kat. 2-3 71

Amt Neuhaus - Kaarßen (O)

- Hof Schwalbennest, Jörnsweg 4, Tel. 038845 / 443572, info@schwalbennest-elbe.de, Kat. 1

Bitter (O)

- Ferienappartements Haus Lau, Elbstr. 5, Tel. 038855 / 51405, Kat. 1

Strachau (O)

- Schmiede Strachau, Elbstr. 6, Tel. 038845 / 59970, Kat. 1

Hitzacker (W)

- destinature Dorf Hitzacker, Elbuferstr. 4, Tel. 05862 / 3389943, www.destinature.de, Kat. 1-3 72
- Hotel Scholz, Prof. Borchling Straße 2, Tel. 05862 / 3069924, www.hotel-scholz-hitzacker.de, Kat. 2-4 74
- Jugendherberge Hitzacker, An der Wolfsschlucht 2, Tel. 05862 / 244, www.jugendherberge.de/jugendherbergen/hitzacker-305/ 75
- Parkhotel Hitzacker, Am Kurpark 3, Tel. 05862 / 9770, www.Parkhotel-Hitzacker.de, Kat. 3-4 76
- Hotel „Zur Linde“, Drawehnertorstr. 22-24, Tel. 05862 / 347, www.hotelzurlinde-hitzacker.de, Kat. 2 77
- Villa Romantika, Elbstr. 12, Tel. 05862 / 1407, wwr.eisele@t-online.de, Kat. 1
- Ferien- und Wellnesshotel Waldfrieden, Weinbergsweg 25, Tel. 05862 / 96720, post@hotel-waldfrieden.info
- Schillers Gästehaus, Drawehnertorstraße 14, Tel. 0152 / 53950167, mail@schillers-hitzacker.de
- Hotel Bürgerstube, Marschtorstraße 5, Tel. 05862 / 6439, info@buergerstube-hitzacker.de
- Haus Panorama, Prof.Borchling Str.4, Tel. 05862 / 210, info@panorama-hitzacker.de

Hitzacker - Grabau

- Radlerunterkunft Grabau Nr. 1, Grabau 1, Tel. 05861 / 8039920, www.radlerstopgrabau.de, Kat. 2 73

Dannenberg (W)

- Hotel Marschtor, Marschtorstr. 43, Tel. 05861 / 983610, hotel-marschtor.de, Kat. 2 78

Vielank (O)

- Vielanker Brauhaus, Lindenplatz 1, Tel. 038759 / 339180, info@vielanker.de

Damnatz /Elbe (W)

- Hotel-Restaurant „Steinhagen", Am Elbdeich 6, Tel., 05865 / 554, www.hotelsteinhagen.de, Kat. 2 **79**
- Hotel garni Sonnenhof, Achter Höfe 5, Tel. 05865 / 1575, www.sonnenhof-elbe.de, Kat. 2-3 **80**

Damnatz /Elbe - Kamerun (W)

- Gästezimmer am Elberadweg, Kamerun 3, Tel. 05865 / 988979, Kat. 1 bis 2

Dömitz (O)

- Radlerpension, Elbstr. 1, Tel. 038758 / 24484, info@radlerpension-doemitz-elberadweg.de, Kat. 1 bis 2
- Herberge „Alte Brauerei", Fritz-Reuter-Str. 20, Tel. 0174 / 4806232, kontakt@herbergedoemitz-altebrauerei.de, Kat. 1
- Dömitzer Hafen Hotel, Hafenplatz 3, Tel. 038758 / 364290, doemitz@travdo-hotels.de, Kat. 3
- Privatpension Großmann, Schwarzer Weg 1, Tel. 038758 / 22296, Kat. 1
- Privatzimmer Fähnrich, Marienstraße 5, Tel. 038758 / 22626, faehnrichdoe@aol.com

Unbesandten (O)

- Hotel Alter Hof am Elbdeich, Am Elbdeich 25, Tel. 038758 / 35780, www.alter-hof-am-elbdeich.de, Kat. 3-4 **81**

Lenzerwische - Kietz (O)

- Landhaus Elbeflair, Ringstraße 10, Tel. 038792 / 1401, www.landhaus-elbeflair.de, Kat. 2-3 **82**

Gorleben (W)

- HOTELRESORT Das Deichhaus & BARREL`S, Burgstr. 5, Tel. 05882 / 987484, www.dasdeichhaus.de/, Kat. 3 **83**
- Kaminstube, Hauptstr. 11, Tel. 05882 / 987560, www.kaminstube-gorleben.de, Kat. 1-2 **84**

Höhbeck - Vietze (W)

- Kastanienhof Vietze, Bergstr. 36/38, Tel. 05846 / 9804662, kastanienhof.vietze@gmail.com, Kat. 1
- Hütten-Hotel Elbhöhe, Am Elbufer 9, Tel. 05846 / 1707, www.huetten-hotel.de, Kat. 2 **85**

Lenzerwische - Mödlich (O)

- Elbtaumel, Lenzener Str. 9, Tel. 038792 / 50471, www.elbtaumel.de, Kat. 3-4 **86**
- Elbeglück - Pension und Gartenlokal, Lenzener Str. 13, Tel. 038792 / 7790, www.pension-am-elbdeich.de, Kat. 2-3 **87**
- „Alte Fischerkate" Hotel, Lenzener Str. 35, Tel. 038792 / 1212, www.altefischerkate.de, Kat. 2-4 **88**
- Pension „Am Elbdeich", Lenzener Str. 13, Tel. 038792 / 7790, urlaub@elbeglueck.com, Kat. 1

Gartow (W)

- Freizeit- und Campingpark Gartow, Am Helk 3, Tel. 05846 / 979060, www.campingpark-gartow.de, Kat. 1 **90**
- Feriendorf Gartow, Hahnenberger Str. 76, Tel. 05846 / 1613, www.feriendorf-gartow.de, Kat. 3 **91**
- Tiny Haus Dorf Wendland, Elsebusch 121, Tel. 05846 / 9809290, tinyhausdorfwendland.de, Kat. 4 **92**
- Hotel Garni Seeblick, Rosengasse 6, Tel. 05846 / 9600, mail@HotelSeeblick.de

Schnackenburg (W)

- Pension Alte Schule Schnackenburg, Kirchstraße 5, Tel. 05840 / 9897060, info@pensionalteschule.de

Dannenberg (W)

- Campingplatz Dannenberg, Rehfeldstraße 4, Tel. 05861 / 800980, info@wv-dan.de

Trebel (W)

- Gasthaus Wiese, Gedelitz 21, Tel. 05848 / 1259, info@gasthaus-wiese.de

Lenzerwische GT Unbesandten (O)

- Hotel-Restaurant „Alter Hof am Elbdeich", Am Elbdeich 25, Tel. 038758 / 35780, info@alter-hof-am-elbdeich.de, Kat. 3

Lenzen GT Breetz (O)

- Breetzer Herrenhaus, Kastanienallee 12, Tel. 038792 / 50832, ullastern@t-online.de, Kat. 1 bis 2

Lenzerwische GT Kietz (O)

- Landhaus Elbeflair, Ringstraße 10, Tel. 038792 / 1401, info@landhaus-elbeflair.de, Kat. 2

Lenzerwische GT Wootz (O)

- „Wischehof" Wootz, Pappelweg 13, Tel. 038792 / 1835, wischehof@aol.com, www.wischehof-wootz.de, Kat. 1
- Hotel „Alte Fischerkate" + Pensionshaus, Lenzener Straße 35, Tel. 038792 / 1212, info@altefischerkate.de, www.altefischerkate.de, Kat. 2

Lenzen/Elbe (O)

- Hotel Schützenhaus, Am Volksplatz 2, Tel. 038792 / 9200, kontakt@schuetzenhauslenzen.de, Kat. 2
- ahead burghotel Lenzen, Burgstraße 3, Tel. 038792 / 94 9999, hallo@aheadhotel.de Kat. 3 **89**
- Zur Hauptwache, Gästezimmer, Hauptwache 1, Tel. 038792 / 524244 mail@zurhauptwache.de, Kat. 1
- Hotel Alte Wassermühle, Mühlenweg 33, Tel. 038792 / 889991, lenzen@hotel-alte-wassermuehle.de, Kat. 2

Lanz - Gadow (O)

- Schloss Gadow, Lindenallee 1, Tel. 038780 / 50810, info@schloss-gadow.de, Kat. 1

Lanz GT Lütkenwisch (O)

- Pension Jaap, Elbstraße 5, Tel. 038780 / 70693, pension-jaap@web.de, www.pension-jaap.beepworld.de, Kat. 1

Lanz GT Bernheide (O)

- Gasthof „Unter den Linden", Dorfplatz 6, Tel. 038780 / 7301, Kat. 1

Cumlosen (O)

- Landgasthof Schmidt, Lenzener Straße 25, Tel. 038794 / 30214 Landgasthof-Schmidt@web.de, www.landgasthof-cumlosen.de, Kat. 1

- Zimmervermietung Grüning, Seeviertel 20, Tel. 038794 / 30442, Kat. 1
- Zimmervermietung Bertelt, Seeviertel 22, Tel. 038794 / 30242, Kat. 1

Aulosen

- einfachlosmachen, Ernst-Thälmann-Str. 19, www.einfachlosmachen.de, Kat. 1 93

Deutsch (W)

- Baum & Blume Ferienwohnung, Deutscher Dorfstr. 20, Tel. 039395 / 81554, www.baumundblume.de, Kat. 1-2 94

Wittenberge (O)

- Pension „Zum goldenen Anker", Elbstraße 11, Tel. 0174 / 1444040, www.pensionanker.com, Kat. 2 95
- Strandbad Friedensteich, Gehrenweg 81, Tel. 03877 / 56799445, www.freizeit-park-wittenberge.de, Kat. 1 96
- „Zur Möwe" - Pension - Café - Bistro, Elbstr. 22b, Tel. 03877 / 403855, www.pension-zur-moewe.de, Kat. 2 97
- Le Petit Jardin, Gartenstraße 20, Tel. 0157 / 72177559, www.le-petit-jardin.de, Kat. 3-4 98
- Hotel-Pension „Zur Elbaue", Bahnstr. 107, Tel. 03877 / 904118, www.Hotel-Elbaue.de, Kat. 2 99
- Elbe Resort „Alte Ölmühle", Bad Wilsnacker Straße 52, Tel. 03877 / 567994600, www.oelmuehle-wittenberge.de, Kat. 4 100
- Pension Schwesig, Lenzener Chaussee 19 a, Tel. 03877 / 66445, b.schwesig@gmx.de, Kat. 1 bis 2
- Apartment-Hotel, Schillerplatz 1, Tel. 03877 / 1229280, hotel-wittenberge@gmx.de, Kat. 2 bis 3
- Hotel Germania, Bahnstraße 53 a, Tel. 03877 / 95590, kontakt@hotelgermania-wittenberge.de, Kat. 2
- Ferienwohnung „Zur Altstadt", Gartenstraße 17, Tel. 03877 / 69754, petrastfn@aol.com, Kat. 1
- Pension zum Tivoli, Tivolistraße 36, Tel. 03877 / 75768, reservierung@pension-zum-tivoli.de, www.pension-zum-tivoli.de, Kat. 2
- Elbblick Wittenberge, Elbstraße 13, Tel. 03877 / 69635, w.ziemer01@arcor.de, Kat. 1
- Pension Kuhn, Elbstraße 9, Tel. 03877 / 69603, Kat. 1

Wittenberge OT Garsedow (O)

- Pension Deichhof Garsedow, Garsedower Dorfstraße 5, Tel. 03877 / 9572394, info@deichhof-garsedow.de, Kat. 3 101

Wittenberge OT Hinzdorf (O)

- Zimmervermietung Blumenparadies, Dorfstraße 16, Tel. 03877 / 904429, rainer44@arcor.de, Kat. 1
- Zimmervermietung Elbblick, Hinzdorfer Dorfstraße 17, Tel. 03877 / 904120, barbaraboesel@web.de, www.zimmervermietung-elbblick.de, Kat. 1
- Das Pfannkuchenhaus, Dorfstraße 14, Tel. 03877 / 902029, daspfannkuchenhaus@t-online.de, Kat. 1

Seehausen (Altmark) OT Eickerhöfe (O)

- Haus am Deich, An der Elbbrücke 1, Tel. 039397 / 41166, eundeweber@t-online.de, www.haus-am-elbdeich.de, Kat. 1

Seehausen (Altmark) OT Beuster (W)

- Zimmervermietung Lucas, Bergstraße 4, Tel. 039397 / 41224, fam.lucas@web.de, www.zimmervermietung-lucas.de, Kat. 1
- Schäferei, Hofladen, Café und Pension Schuster, Ostorfer Str. 2, Tel. 039397 / 365, kontakt@schaeferei-schuster.de, www.schaeferei-schuster.de, Kat. 1
- Hof Eichfeld, Eichfeld 1, Tel. 0171 / 677 80 28, info@hof-eichfeld.de, Kat. 2

Rühstädt - Bälow (O)

- Pension & Radlercafé Hof Zander, Bälower Dorfstr. 11, Tel. 038791 / 6752, www.ferienhof-zander.de, Kat. 2 102

Rühstädt (O)

- Café & Pension Zum Storchenhof, Rühstädter Dorfstr. 11, Tel. 038791 / 6642, Kat. 2 103
- Schlosshotel Rühstädt, Schloss 3, Tel. 038791 / 80850, info@schlosshotel-ruehstaedt.de, Kat. 3

Legde/Quitzöbel (O)

- Wellness- und Kurhotel Legde, Wittenberger Str. 1, Tel. 038791 / 79271, info@wellnesshotel-legde.de, Kat. 3
- Gasthof Ramin, Am Brink 1, Tel. 038791 / 7028, Kat. 1 104

Havelberg OT Nitzow (O)

- Havelhof Nitzow, Dorfstr. 26, Tel. 039387 / 89760, www.havelhof-nitzow.de, Kat. 4 106

Havelberg - Garz

- Havelhöfe Garz - Radlerpension, Alte K1irchstr. 5 /6, Tel. 039382 / 417588, www.havelhoefe.de, Kat. 1 105

Werben (Elbe) (W)

- „Roter Adler" - Pension, Marktplatz 13, Tel. 039393 / 91044, www.roter-adler-werben.de, Kat. 2 107
- Campingplatz / Schwimmbad Werben, Am Schwimmbad, Tel. 0163 / 4368387, campingamelberadweg@gmail.com, Kat. 1
- Pension Schorlemmer, Marktplatz 11, Tel. 01515 / 6390340, Kat. 1

Havelberg (O)

- Dürkop Pension, Pritzwalker Str. 14, Tel. 039387 / 88825, www.pension-duerkop.de, Kat. 2 108
- Campinginsel-Havelberg, Spülinsel 6, Tel. 039387 / 20655, info@campinginsel-havelberg.de, Kat. 1
- ArtHotel KIEBITZBERG, Schönberger Weg 6, Tel. 039387 / 595151, arthotel@kiebitzberg.de, www.arthotel-kiebitzberg.de, Kat. 3
- Pension an der Havel, Havelstraße 51, Tel. 039387 / 80990, havelpension@aol.com, www.pension-an-der-havel.de., Kat. 1
- Pension „Havelblick", Weinbergstraße 74, Tel. 039387 / 88402, pension-strunck@web.de, www.pension-havelblick.de.vu, Kat. 2

- Elb-Havel-Pension, Genthiner Straße 5, Tel. 039387 / 89379, elb-havel-pension@t-online.de, www.elb-havel-pension.de, Kat. 1 bis 2
- Altstadt Cafe, Fischerstraße 37, Tel. 039387 / 59347, info@altstadtcafe-pension.de, www.altstadtcafe-pension.de, Kat. 2
- Pension Dyck, Schulstraße 12, Tel. 039387 / 21577, pension-dyck-hv@gmx.de, Kat. 1
- Ferienwohnung Harbart, Birkenweg 59, Tel. 039387 / 8341, harbart@ferienwohnung-havelberg.de, www.ferienwohnung-havelberg.de, Kat. 1
- Agnieszka's Pension, Genthinerstraße 7, Tel. 0162 / 7982063, markusHinz@live.de, Kat. 1

Sandau (O)

- Schützenhaus Sandau, Havelberger Str. 32 a, Tel. 039383 / 377, info@sandau-elbe-schuetzenhaus.de, Kat. 1
- Gästezimmer & Weinhandlung Hellwig", Wulkauer Weg 30, Tel. 039383 / 370, gaestezimmerhellwig@web.de, Kat. 1
- „Gästezimmer Pabst", „Garten der Vielfalt", Wulkauer Weg 25, Tel. 039383 / 349, www.uebernachtung-elberadweg.de, Kat. 1
- „Gartenidylle", Wulkauer Weg 13, Tel. 039383 / 609999, info@gartenidylle-sandau.de, Kat. 1

Iden OT Büttnershof (W)

- Restaurant & Hotel Gutshaus Büttnershof, Büttnershof 38, Tel. 039390 / 81046, www.gutshaus-buettnershof.de, Kat. 3 **109**

Kamern OT Wulkau (O)

- Ferienhaus Schneider, Wulkauer Dorfstraße 24 a, Tel. 039383 / 289, info@ferienhaus-wulkau.de, www.ferienhaus-wulkau.de, Kat. 1

Hohenberg-Krusemark (W)

- Reiterhof & Pension Trumpf, Friedensstraße 7, Tel. 0172 / 9310446, info@reiterhof-trumpf.de, www.reiterhof-trumpf.de, Kat. 1
- Pension „Gutshaus Krusemark", Ellinger Straße 16, Tel. 039394 / 91680, webmaster@gutshaus-krusemark.de, Kat. 2

Arneburg (W)

- „Pension Utspann - Kerstin und Lutz Tipmann", Tangermünder Str. 36, Tel. 039321 / 53905, Kat. 1
- Ferienwohnung Carsten Sommer, Tangermünder Str. 25, Tel. 039321 / 53374, www.fewo-arneburg.de, Kat. 2-4 **110**
- „Ferienwohnung und Gästezimmer Engelmann", Breite Straße 43, Tel. 039321 / 2202, mengelmann1@t-online.de, Kat. 1

Klietz

- Land-gut-Hotel „Seeblick", Genthiner Straße 9, Tel. 039327 / 93500, seeblick-klietz@t-online.de, Kat. 2
- Reiterhof Kuhn, Dorfstraße 101, Tel. 039327 / 41395, reiterhof-kuhn@t-online.de, Kat. 1

Schönhausen (Elbe) OT Hohengöhren

- Gaststätte & Pension „Stadt Braunschweig", Große Straße 17, Tel. 039323 / 75659, Kat. 1

Storkau /Elbe (W)

- Hotel Schloss Storkau, Im Park, Tel. 039321 / 5210, info@hotel-schloss-storkau.de, Kat. 3

Tangermünde (W)

- SCHULZENS, Lange Straße 34, Tel. 039322 / 44145, www.schulzens.info, Kat. 2 **111**
- Ringhotel Schloss Tangermünde, Amt 1, Tel. 039322 / 7373, www.schloss-tangermuende.de, Kat. 3-4 **112**
- Hotel Töpferhof, Lange Straße 47/Töpferpassage, Tel. 039322 / 9870, info@hotel-stars-Inn.de, Kat. 2
- Hotel Am Rathaus, Lange Straße 70, Tel. 039322 / 736106, hotel@rathaus70.de, Kat. 2 bis 3
- Pension „Am Schrotturm", Lindenstraße 5, Tel. 039322 / 718670, info@pension-am-schrotturm.de, Kat. 1
- Pension Am langen Hals, Lange Straße 40, Tel. 039322 / 7354000, hotel@exempel.de, Kat. 2
- Pension „Zum Schmuckgiebel", Markt 2, Tel. 039322 / 22393, buero@tourismus-tangermuende.de, Kat. 1
- Pension „Luisenhof", Luisenstraße 38, Tel. 039322 / 72644, www.luisenhof-tangermuende.de, Kat. 3
- Zimmervermietung Wichmann, Carl-von-Ossietzky-Straße 4, Tel. 039322 / 41225, h.u.s.wichmann@gmx.de, www.zimmer-check-wichmann-home.de, Kat. 1
- Cafè & Pension JL, Fritz-Schulenburg-Str. 5, Tel. 039322 / 42888, info@cafepensionjl.de, www.cafepensionjl.de, Kat. 1
- Zimmervermietung Gronowski, Richard-Wagner-Straße 16, Tel. 039322 / 45387, Kat. 1
- Zimmervermietung Wüstenberg, Magdeburger Straße 56, Tel. 039322 / 41460, Kat. 1
- Töpfer- u. Reuterhäuschen, Töpferstraße 4, Tel. 039322 / 43299
- Ferienhaus am Eulenturm, Schäferstraße 1, Tel. 039322 / 43226, ferienhaus-eulenturm@web.de, www.ferienhaus-am-eulenturm.de, Kat. 1
- Pension „Im Hünerdorf", Hünerdorfer Straße 99, Tel. 039322 / 22113, elfi_matt@yahoo.de, www.fewo-tangermuende.de, Kat. 1
- Ferienwohnung Haus Martha, Scheunenstraße 16, Tel. 0173 / 2027337, info@Ferienwohnung-Tangermünde.de, Kat. 1

Jerichow (O)

- Gasthaus Heinemann, Lindenstraße 1, Tel. 039343 / 330, marlettheinemann@yahoo.com
- Pension Landhäuser, Rosa-Luxemburg-Straße 21, Tel. 0171 / 9563104, Kat. 1
- Landhof Liebsch, Steinitz 6, Tel. 039343 / 53100, www.denaturhof.de, Kat. 2

Tangermünde OT Buch (W)

- „Elbezentrum Buch", Bucher Querstraße 22, Tel. 039362 / 81673, rezeption@elbetourist.de, Kat. 1
- Pension Güldenpfennig, Bucher Kirchstraße 15, Tel. 039362 / 81380, info@pension-gueldenpfennig.de, Kat. 1
- Pension Zedler, Bucher Kirchstraße 13, Tel. 039362 / 96214, info@pensionzedlerbuch.de, Kat. 1

Tangerhütte OT Grieben (W)

- Griebener Hof, Breite Straße 28, Tel. 039362 / 96090, griebener-hof@web.de, Kat. 1
- Ferienwohnung Pasiciel, Chausseestraße 10, Tel. 039362 / 81393, Kat. 1

Tangerhütte OT Bittkau (W)

- Ferienzimmer Kühle, Poststraße 1, andreaskühle@gmx.de, 0162 / 1072827, Kat. 1
- Zimmervermietung „Haus Elbblick", Elbstraße 20, Tel. 039362 / 96294, info@hauselbblick.de,Kat. 1 bis 2
- Family-Camp-Kellerwiehl, Kellerwiehl 1, Tel. 039362 / 81610, info@kellerwiehl.de, Kat. 1

Tangerhütte OT Kehnert (W)

- Elbschloss Kehnert, Guts-Hof 1, Tel. 0174 / 5625074, Erholung@Elbschloss-Kehnert.de, www.elbschloss.de, Kat. 1

Klietznick (O)

- Agrarhof Heringa, An den Bergstücken 1, Tel. 039343 / 52624, info@agrarhof-heringa.de

Elbe-Parey - Ferchland (O)

- Touristenstation Ferchland Haus „Kiefernblick", Genthiner Str. 37, Tel. 039349 / 9410, gaestehaus-kiefernblick.de, Kat. 1-2 115
- Ferienhof Werner, Hauptstr. 20, Tel. 039349 / 50284, Kat. 1

Derben

- Anne´s Zimmervermietung, Hauptstraße 22, Tel. 039349 / 338, Kat. 1 113

Elbe-Parey OT Parey (O)

- Erlebnisdorf Elbe - Parey, Bittkauer Weg 8d, Tel. 039349 / 95880, www.erlebnisdorf-parey.de, Kat. 3 114
- Zimmervermietung Fischer, Parchener Str. 34, Tel. 039349 / 51647, fischer.parey@t-online.de, Kat. 1
- Ferienwohnung Köppe, Zerbener Straße 20, Tel. 039349 / 51717, info@ferienwohnung-koeppe.info, www.ferienwohnung-koeppe-parey.de, Kat. 1
- Zimmervermietung Lutzky, Am Park 3a, Tel. 039349 / 51285, pepper10@gmx.de, Kat. 1

Angern OT Bertingen (W)

- La Porte GmbH & Co. KG, Im Wald 3, Tel. 039366 / 979000, www.hotel-laporte.de, Kat. 2-3 116
- „Campingplatz Bertingen & Indianer-Tipi-Dorf", Zu den kurzen Enden 1, Tel. 039366 / 51037, anfrage@tipi-dorf.de, Kat. 1

Angern (W)

- Campingplatz „Nord- und Südsee", Sandkrug 10, Tel. 0174 / 9833559, Kat. 1

Rogätz (W)

- Schmidts Restaurant & Hotel, Brinkstraße 56-58, Tel. 039208 / 2590, info@schmidts-rogaetz.de, Kat. 2
- Ferienwohnung Theuerkauf, Max-Planck-Str. 18, Tel. 039208 / 8421, theuerkauf-schmidt@t-online.de, Kat. 1
- Pension Elbflorenz, Brinkstraße 51, Tel. 039208 / 2590, info@schmidts-rogaetz.de, Kat. 1
- Pension Braune, Steinortstraße 58, Tel. 039208, 8404, Kat. 1
- Pension Schlüter, Hoschestraße 17, Tel. 039208 / 8414, Schlueter@Rogaetz.de, Kat. 1
- Pension Molkenthin, Magdeburger Straße 4, Tel. 039208 / 27345, marita_molkenthin@web.de, www.pension-rogaetz.de, Kat. 1

Burg (O)

- Hotel/Pension „Villa Wittstock", Blumenthaler Landstr. 7, Tel. 03921 / 988987, Kat. 1
- Campingplatz „Niegripper See", Gossel 22-24, Tel. 03921 / 5277, info@niegripper-see.info, Kat. 1

Burg OT Schartau (O)

- Brunes Hofgarten, Alte Bergstraße 10, Tel. 0171 / 933 729 0, info@brunes-hofgarten.de, Kat. 1

Burg OT Niegripp (O)

- Pension „Zum Deich", Zum Deich 14, Tel. 03921 / 994260, Kat. 1

Möser OT Hohenwarthe (O)

- Hotel & Restaurant Waldschänke, An der Waldschänke 1a, Tel. 039222 / 95990, kontakt@waldschaenke-hohenwarthe.de, Kat. 2
- Pension Unser Paradies am Wasserstraßenkreuz, An der Trogbrücke 1, Tel. 039222 / 95738, unser-paradies-rust@t-online.de, www.unser-paradies-rust.de, Kat. 1 bis 2
- Landhotel Trogbrücke, Elbstraße 6 d, Tel. 039222 / 3617, info@trogbruecke.de, Kat. 2

Wolmirstedt (W)

- Hotel Wolmirstedter Hof, August-Bebel-Straße 1, Tel. 053 22 / 950 180, wolmirstedter-hof@regiohotel.de, Kat. 3

Biederitz (O)

- Campingplatz Biederitzer See, Strandbad 1, Tel. 0391 / 5432546, Kat. 1

Magdeburg

- sleep & go Hotel Magdeburg, Rogätzer Str. 5a, Tel. 0391 / 537791, www.hotel-sleep-and-go.de, Kat. 2 117
- Jugendherberge Magdeburg, Leiterstr. 10, Tel. 0391 / 5321010, www.magdeburg.jugendherberge.de, Kat. 2 118
- Roncalli-Haus, Max-Josef-Metzger-Str. 12/13, Tel. 0391 / 99976400, www.roncalli-haus.de, Kat. 3 119
- intercityHotel Magdeburg, Bahnhofstr. 69, Tel. 0391 / 59620, www.magdeburg.intercityhotel.de, Kat. 2 120
- Hotel Stadtfeld, Maxim-Gorki-Str. 31/37, Tel. 0391 / 506660, www.hotel-stadtfeld.de, Kat. 2-3 121
- Dorint Herrenkrug Parkhotel Magdeburg, Herrenkrug 3, Tel. 0391 / 85080, www.dorint.com/magdeburg, Kat. 4 122
- Hotel Garni Residenz Joop, Jean-Burger-Str. 16, info@residenzjoop.de Tel. 0391 / 62620, Kat. 3
- Hotel Ratswaage Magdeburg, Ratswaageplatz 1-4, Tel. 0391 / 59260, reservierung@ratswaage.de, Kat. 3

- artHotel Magdeburg, Breiter Weg 9, Tel. 0391 / 620780, info@arthotel-magdeburg.de, Kat. 3
- ElbQuartier Apartments, Speicherstraße 5, Tel. 0177 / 7393443, traumraum@elbquartier.de, www.elbquartier-magdeburg.de, Kat. 3
- Best Western Hotel Geheimer Rat, Goethestraße 38, Tel. 0391 / 73803, info@geheimer-rat.bestwestern.de, Kat. 3
- Pension AARON, Zur Hubbrücke 3, Tel. 0177 / 57 57 171, aaron@leuschner.biz, www.pension-aaron.de, Kat. 2
- Mercure Hotel Plaza Magdeburg, Halberstädter Straße 146-150, Tel. 0391 / 60510, HB279@accor.com, Kat. 3
- „Cafe Seestrasse", Seestraße 24, Tel. 0391 / 5045234, info@cafe-seestrasse.de, Kat. 3

Magdeburg - Buckau (W)

- City-Pension, Warschauer Str. 21, Tel. 0391 / 55999672, www.city-pension-magdeburg.de, Kat. 2 **123**

Magdeburg - Lemsdorf (W)

- Ferienwohnung Familie Heller, Nordhäuser Str. 16, Tel. 0391 / 6200722, Kat. 3 **124**

Magdeburg - Alt Prester (O)

- Hotel Elbrivera Alt Prester, Alt Prester 102, Tel. 0391 / 81930, www.hotel-elbrivera.de, Kat. 2-3 **125**

Magdeburg-Rothensee (W)

- Pension am Krug, Krugstraße 8, Tel. 0174 / 163 63 69, warmbier@pension-am-krug.de, Kat. 2

Magdeburg - Herrenkrug (O)

- Velo-Stopp im Herrenkrug, Eichendorffstraße 18, Tel. 0391 / 8118595, velo-stopp-herrenkrug@web.de, Kat. 2

Magdeburg OT Pechau (O)

- Baumschule Gustav Beyme, Seehof 1, Tel. 0391 / 8114745, info@baumschule-beyme.de, Kat. 1 bis 2

- Gasthaus „Kelly", Breite Straße 11, Tel. 0391 / 8117185, info@gasthaus-kelly.de, Kat. 1

Magdeburg OT Randau (O)

- Pension „Predigerwitwenhaus", Randauer Dorfstraße 25, Tel. 03928 / 404110, prewitha@gmx.de, Kat. 1 bis 2

Impressum

3. Auflage März 2024

www.fahrrad-buecher-karten.de

Herausgeber: BVA BikeMedia GmbH, Bielefeld

Fotos: Otmar Steinbicker sowie Glückstadt Destination Management GmbH (GDM GmbH) (S. 2, 101, 102, 103), Nordseeheilbad Cuxhaven GmbH (S. 6, 8, 62, 64, 65), © egeb (S. 10, 100 links), © magnumbullet - Fotolia.com (S. 19), © SchueschkeMarketing - Pixabay (S. 22), www.mediaserver.hamburg.de/C. Spahrbier (S. 24, 71, 73, 74), Anne Hartlich (S. 28, 105), © Carsten Meyer - Fotolia.com (S. 34), © nikiamatataa - Fotolia.com (S. 35), Martin Elsen (S. 69), © Helmut Seger - wikimedia (S. 70), www.mediaserver.hamburg.de/S. Swami (S. 76), Jürgen Klemme (S. 79), Nadja Biebow (S. 80), © Udo Kruse - Fotolia.com (S. 82, 91), Colorstudio Schenk (S. 87), © marcus_hofmann - Fotolia.com (S. 93), Magdeburg Marketing Kongress und Tourismus GmbH (S. 96, 97), © Arnim Schulz - Fotolia.com (S. 107), © eyewave - Fotolia.com (S. 110), © Neurobite/iStock, Berenika/iStock (Titelmotiv)

Texte: Otmar Steinbicker, Aachen

Gestaltung: Krückemeier Medien, Bielefeld

ISBN: 978-3-96990-202-8

Ein besonderer Dank geht an Stefan Kayser.